Promise and Redemption

A Synagogue Mosaic from Sepphoris

Ze'ev Weiss · Ehud Netzer

The Israel Museum, Jerusalem

The exhibition was made possible by Erica Jesselson, New York, and Michael and Judy Steinhardt, New York

This publication accompanies the exhibition
Promise and Redemption: A Synagogue Mosaic from Sepphoris

The Merrin Marquee, Ida Crown Plaza
June 1996

Curators: Yael Israeli and David Mevorah

Exhibition design: Elisheva Yarhi

Catalogue design: Tirtsa Barri
English translation: Lindsey Taylor-Guthartz –
Sagir International Translations Ltd.
English editing: Nancy Benovitz
Photographs: Gabi Laron, Institute of Archaeology,
The Hebrew University, Jerusalem;
Avraham Hai (English, pp. 27, 39; Hebrew, pp. 28, 33, 40),
courtesy of the Israel Antiquities Authority;
Oren Gutfeld (Hebrew, p. 9)
Illustrations: Pnina Arad, Jerusalem
Computerized layout: Yael Golan, Masha Pozina
Color separations and plates: H. S. Halfi Ltd., Tel Aviv
Printed and bound by Hamakor Press Ltd., Jerusalem

On the cover: Detail from the depiction of the Binding of Isaac

Catalogue no. 378
ISBN 965 278 184 3

Contents

This book is a tribute to Erica Jesselson

Foreword

This publication accompanies the exhibition of an extraordinary mosaic floor from an ancient synagogue at Sepphoris, which has just recently been excavated. Its discovery sheds new light on ancient synagogue art, as well as Jewish iconography. Some of the scenes depicted in the mosaic have never been encountered before, while others are familiar from other ancient synagogues, though their meaning was never quite clear. These depictions were not merely decorative, but, viewed together as a single, iconographic scheme, served to convey a distinct religious message of promise and redemption. This message, a central theme in Jewish life after the destruction of the Second Temple, also found expression in prayer and rabbinic commentary. The mosaic discussed here represents the first complete expression of this concept in artistic terms, and provides, therefore, a key to understanding the mosaics of other ancient synagogues.

No place is more appropriate for the exhibition of this breathtaking mosaic pavement than the Israel Museum, which houses the treasures of Jewish art throughout the ages. Here, synagogues from all over the world have found a home, and together illustrate the history of Jewish art, emphasizing our connection to both the Diaspora and the past. Another link between the finds from Sepphoris and the Israel Museum is the Jesselson family, generous contributers to both the excavations at Sepphoris and the Skirball Department of Judaica at the Israel Museum, who, along with Michael and Judy Steinhardt, helped make the exhibition of this mosaic possible.

The discoveries from Sepphoris are excellent examples of the ongoing cooperation between the Israel Museum and archaeological expeditions. Finds uncovered in excavations undergo restoration and conservation at the Israel Museum Laboratories, in preparation for their exhibition to the public in Israel and abroad. At the close of this exhibition, the Sepphoris synagogue mosaic will be returned to its original location, as was the mosaic from the Roman mansion that was on display at the Museum several years ago.

We are grateful to the excavators for allowing us to exhibit these exciting finds, and to all those who took part in publishing this book and preparing the exhibition.

Martin Weyl
Anne and Jerome Fisher Director

Introduction

In the summer of 1993, a well-preserved ancient synagogue with a superb mosaic floor was discovered by chance at Sepphoris, in the northern part of the ancient city, while the site was being prepared for its opening to the public as a national park. The row of whitish tesserae uncovered by a bulldozer gave no sign of the tremendous discovery that lay ahead. The first indication of the nature of the discovery was a dedicatory inscription in Aramaic, which was uncovered in the second week of the excavations. When a zodiac was unearthed a few days later, it became clear that this was yet another synagogue to be added to the already sizable group of ancient synagogues found throughout the country.

Excavations beneath the building's floor revealed that the synagogue itself had not had any earlier stages. The finds discovered under the foundations, in particular the coins in the bedding layer of the mosaic floor, indicate that it was built in the early 5th century CE. This fact adds to the significance of the discovery, since little is known about synagogue architecture and mosaic art in Israel during this period.

The study of the synagogue is not yet complete, but in light of its importance, we decided not to delay its presentation to the public. This publication contains the excavators' preliminary conclusions only. A fuller, scientific study will be published in the near future, to enable both scholars and laymen to learn more about this exciting discovery.

This publication is based on a broader study of synagogues being conducted jointly by the two authors. The research was undertaken while Ze'ev Weiss was a research fellow at the Center for Jewish Studies at Harvard University. His work was made possible thanks to the generosity of the United States-Israel Educational Fund (Fulbright), and the Harold Perlman Fund of Harvard University. He would like to thank them for allowing him to devote his time to this synagogue research.

The excavation of the synagogue was carried out on behalf of the Ministry of Tourism and the National Parks Authority, in cooperation with The Galilee Foundation. The excavations were directed by Ze'ev Weiss and Ehud Netzer of the Institute of Archaeology of the Hebrew University of Jerusalem. The area supervisors were Shirley Altschuler (Summer 1993) and Daniella Drexler (Summer 1994). Oren Gutfeld provided considerable assistance in both excavation seasons. The plans were surveyed by Ehud Netzer and Zoya Tevet and drafted by Masha Kaplan. Gabi Laron took the photographs. Workers from Upper Nazareth (most of whom were new immigrants from the CIS) took part in the excavations, as well as volunteers from the USA. The authors would like to thank Rina Talgam, who provided assistance in studying the mosaic floor; Leah Di Segni, who helped with the publication of the Greek inscriptions; Elisheva Revel-Neher, who read the manuscript of this article; Binny Shalev and members of The Galilee Foundation, who assisted in the realization of the excavation; and the Jesselson Family of New York, for their constant support of the Sepphoris project. The authors are also grateful to Dodo Shenhav and Ruth Yekutiel and their team at the Israel Museum Laboratories, for the removal of the mosaic floor and its restoration, and to Yael Israeli, Dudi Mevorah, and the rest of the staff of the Israel Museum, for all their hard work on preparing the mosaic for display and for publishing this book.

Ze'ev Weiss and Ehud Netzer
The Institute of Archaeology,
The Hebrew University, Jerusalem

◁ Excavations at Sepphoris, aerial view.
The location of the synagogue is marked.
חפירות ציפורי, מראה מן האוויר.
מיקום בית-הכנסת מסומן במסגרת אדומה.

Sepphoris, Capital of the Galilee

Historical Background

In Hebrew, Sepphoris is called "Tzippori," based upon the Hebrew word for bird (*tzippor*). The origin of the name of the city is discussed in the Talmud: "Why was it called Tzippori? Because it perches on the top of a mountain like a bird" (Megillah 6a). This city, which was the capital of the Galilee for many years, was indeed first built on the summit of a hill, 285 m above sea level. Sepphoris (the Greek version of the name) lies halfway between the Mediterranean Sea and the Sea of Galilee, to the south of the Beth Netofa Valley, near the junction of two important roads – the coastal road (Via Maris) and the road connecting the Jordan Valley and Tiberias with the port of Akko. Its central location and fertile surroundings, which enjoy abundant rainfall and springs, must have contributed to the city's prosperity. Sepphoris is first mentioned in literary sources dating from the beginning of the 1st century BCE, the reign of Alexander Jannaeus (Josephus, *Antiquities*, XIII, 338), though archaeological remains show that there was a settlement there some 600 years earlier (Iron Age II). Jewish sources reveal that throughout the Roman and Byzantine periods, the majority of the city's population was Jewish. As early as the Hasmonaean period, the city seems to have served as the administrative center of the Galilee, and when the country was divided up into districts at the beginning of the Roman period, it became the Galilee's capital. Herod captured Sepphoris in 37 BCE. After his death in 4 BCE, riots broke out in the city, but they were suppressed by the Romans, and many of the city's residents were sold into slavery.

Subsequently, Sepphoris was allotted to Herod Antipas. He fortified it, renaming it Autocratoris, and resided there until the foundation of Tiberias (20 CE), which he made his capital.

During the First Jewish War against Rome (66–70 CE), the residents of Sepphoris refused to join the rebels and opened the city gates to Vespasian (Josephus, *Jewish War*, II, 30–34); coins minted in Sepphoris in honor of Vespasian call the city Eirenopolis, "City of Peace." We do not know how the city's residents behaved during the War of Quietus (a rebellion of the Jews of the Diaspora, 115–117 CE) and the Bar Kokhba Revolt (132–135 CE), but it seems that in the wake of these events, the Jewish municipal council of Sepphoris was deposed and a non-Jewish administration was appointed in its place. Nonetheless, some of the refugees who escaped from Judaea after the Bar Kokhba Revolt chose to settle there. It seems likely that the city's name was changed to Diocaesarea ("the city of Zeus and the Emperor") at that time.

When Rabbi Judah the Patriarch took up residence in Sepphoris in the early 3rd century CE, bringing with him the institutions of Jewish leadership, control of the city returned to a Jewish council, and the city enjoyed an urban, economic, and cultural renaissance. The minting of Jewish coins was resumed; their inscriptions refer to "a treaty of friendship and alliance between the Holy Council and the Senate of the Roman People." Rabbi Judah the Patriarch lived in Sepphoris for 17 years, and it was there that he completed his redaction of the Mishnah.

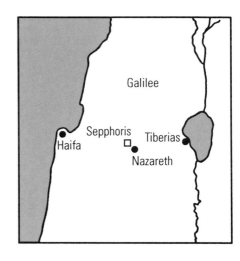

Sepphoris remained the capital of the Galilee until the end of the 3rd century CE, when the Sanhedrin and the Patriarchate moved to Tiberias. However, even after this, Jewish life continued to flourish in the city. Talmudic sources indicate that Sepphoris was an important center of Jewish learning throughout the 2nd–4th century CE. Among the many great rabbinic sages living there were Rabbi Halafta and his son Rabbi Yose, Rabbi Eleazar ben Azariah, Rabbi Yohanan, Resh Lakish, and Rabbi Yose ben Rabbi Bun, one of the last of the Palestinian *amoraim*. It is not surprising that the presence of these scholars led to an increase in the number of synagogues and *batei-midrash* (houses of study) that were built in the city.

In 351 CE, the Gallus Revolt, led by a Jew named Patricius, erupted in Sepphoris. An account of this rebellion and its suppression is given by the Roman historian Aurelius Victor. The rebellion is also discussed in later Christian sources, which add that Sepphoris was burnt and completely devastated as part of the suppression of the revolt. Judging from the archaeological finds, this description seems to be a complete exaggeration. Gallus did indeed suppress the revolt, but so far, the excavations have revealed no evidence of the city's destruction.

Sepphoris was probably damaged by the earthquake of 363 CE,[1] which ruined many towns in Israel, but it was rapidly rebuilt, and by the end of the 4th century CE it had once again become a large, beautiful, and flourishing city. The Jewish community maintained its majority during the Byzantine period. However, a new element had now been added to the city's population: from the 5th century CE onward, the number of Christians in Sepphoris began to increase, and several churches were built there. The Christian community was led by a bishop, who was active in several spheres of municipal life, besides religious matters.

Sepphoris continued to be an important city in the Galilee up to the end of the Byzantine period. Exactly when its population began to dwindle and when its buildings were destroyed is unknown, though it is clear that the city's decline occurred sometime during the early Arab period. Beyond that, details of the history of Sepphoris and the fate of its Jewish community throughout these years remain obscure.

Archaeological Discoveries

In the late Second Temple period, the ancient city of Sepphoris, situated on the summit of the hill, began its expansion over the slopes. The first half of the 2nd century CE saw a dramatic development in the urban plan of Sepphoris.[2] The city built on the hill and its slopes expanded, spreading down to the low area to the east. The new section included an orderly and well-planned street grid, with intersecting colonnaded main streets – the *cardo* and *decumanus* – running through the center, in the fashion of contemporary Roman cities in the east. This new urban area served from then onward as the commercial and perhaps social center of the city. Several public buildings, including the *agora* or forum,[3] two bathhouses next to the *cardo*, and other large structures were uncovered there. Two of the private houses in this area have mosaic floors. One is decorated with geometric patterns, while the second bears a colorful depiction of Orpheus, the divine musician, surrounded by animals, as well as scenes of everyday life. These and other mosaics, along with several buildings, have been reconstructed, and may be seen at the Sepphoris National Park.

Construction in the Roman period was not restricted to the area to the east of the hill, but seems to have extended all over the hill itself. A theater was built on the northern slope, and a large and luxuriously decorated mansion was constructed to its south in the early 3rd century CE. The mansion's *triclinium* (dining room) had a superb mosaic floor, decorated with depictions of Dionysus and his cult. One of the medallions surrounding the central carpet bears a well-preserved and particularly beautiful image of a woman, nicknamed the "Mona Lisa of the Galilee."

The *cardo*, the main colonnaded street
ה״קרדו״, רחוב העמודים הראשי

In the Byzantine period, Sepphoris (which, as mentioned above, had been destroyed in the earthquake of 363 CE) witnessed another wave of construction and expanded even further. The Roman street grid remained in use, and although some of the earlier structures had been destroyed, new buildings were constructed throughout the city. Some of them were built over the ruins of buildings from the Roman period, while others were constructed in previously uninhabited areas. One of the most interesting is the "House of the Nile Festival," to the east of the *cardo*, whose floors were decorated with exquisite mosaics, including both geometric and figurative designs. The archaeological evidence and inscriptions surviving from the colonnaded streets show that during this period significant changes occurred in the urban center, near the intersection of the *cardo* and the *decumanus*, including the construction of two churches. The synagogue discussed below was built around this time.

An intriguing picture of the population and culture of Sepphoris has gradually been revealed over the last few years. Traces of several Jewish buildings, such as *mikva'ot* (ritual baths), inscriptions in Aramaic and Greek, menorahs (seven-branched candelabra) engraved on vessels, and, in particular, the impressive remains of the synagogue uncovered in the northern part of Sepphoris all attest to the fact that this was indeed a Jewish city. This is supported by literary sources, according to which Sepphoris served as an administrative, religious, and cultural center for Jews of both Israel and the Diaspora throughout much of this period. At the same time, the archaeological finds convey a picture of Roman-Hellenistic culture at its very best and seem to point to a city with decidedly pagan characteristics.

A general overview of Sepphoris in the Roman and Byzantine periods shows that architecturally, this Jewish city was not very different from the pagan cities of the region. As the excavations progress, they continue to reveal valuable information regarding the connection between private and public construction in Sepphoris during both the Roman and the Byzantine periods. It seems that there was no clear division of the city into different neighborhoods or quarters on the basis of economic, social, or even religious status. Large, luxurious houses were built close to simple

dwellings, a phenomenon which is not known from other cities in Israel at this time.

The wealth and variety of mosaics found in Sepphoris place the town among the foremost cities of the Roman and Byzantine east.[4] More than 40 mosaic floors have been unearthed so far, depicting a wide range of scenes and figures and various geometric patterns, some of which are of the highest quality. These mosaics form a sequence extending from the 3rd to the 5th century CE and reflect stylistic development over an extended period. However, the importance of these mosaics lies not only in their quantity and richness in terms of their iconography and style, but also in the fact that they were found in a city that was mainly populated by Jews. These finds, which reveal a hitherto unknown facet of urban Jewish life in the Galilee, have given us an impressive picture of Jewish society and its relation to the surrounding Hellenistic culture.

The degree to which Hellenistic culture penetrated Jewish society is an issue that many scholars have pondered. The finds from Beth She'arim provided the first glimpse of this multifaceted world. Now, the excavations at Sepphoris are yielding an even clearer picture of the nature of Hellenism at one of the most important centers of Jewish settlement — the city where a good deal of rabbinic literature was formulated, at a period when paganism was on the wane and Christianity on the rise.

Detail from the Nile Festival mosaic
פרט מפסיפס "בית הנילוס"

The Synagogues and *Batei-Midrash* of Sepphoris

There were probably many synagogues in Sepphoris, as befitted a city that was the seat of the Sanhedrin and the Patriarchate, and whose population was mostly Jewish. They were presumably scattered throughout the city, as were most religious structures in the Roman and Byzantine towns of Israel. The Talmud states that Sepphoris had 18 synagogues by the time of the death of Rabbi Judah the Patriarch (JT, Kila'im, 9:4, 32b). Several are even known by name, such as the "Great Synagogue of Sepphoris" (Pesikta de Rav Kahana 18:5); the "Synagogue of Gofnah," which was founded by refugees from the town of Gofnah in Judaea, who reached Sepphoris after the First Jewish War or the Bar Kokhba Revolt (JT, Berakhot, 3:1, 6a); and the "Synagogue of the Babylonians," which served the local community of Diaspora Jews (Bereshit Rabba, 52:2). The Cappadocian Jews also seem to have had their own synagogue in the city (JT, Shevi'it, 9:5, 39a).

Besides its synagogues, Sepphoris also had *batei-midrash* – houses of study and assembly for the sages and their pupils, which sometimes served as synagogues as well.[5] Some of the *batei-midrash* of Sepphoris are mentioned in rabbinic sources, such as the *beit-midrash* of Rabbi Haninah (JT, Pe'ah 7:4, 20b) and that of Rabbi Benaiah, where Rabbi Yohanan taught when he visited the city (JT, Baba Metzi'ah 2:13, 8d). The Talmud also contains examples of rulings *(halakhot)* given by sages who lived in Sepphoris, sometimes with a direct link to the city's synagogues. These abundant references attest to the vibrant religious and spiritual life of the Jews of Sepphoris throughout this period.

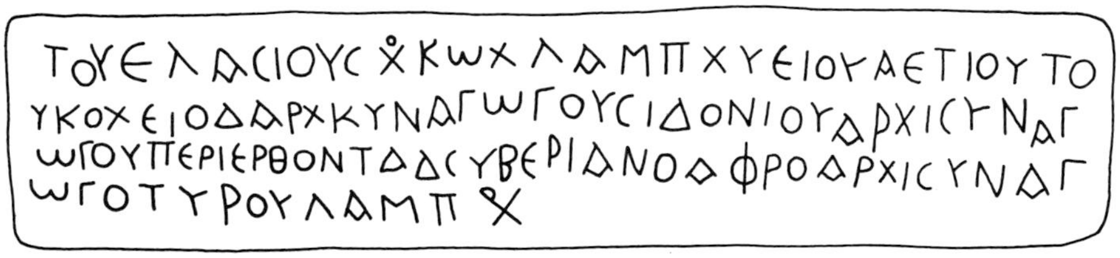

Greek dedicatory inscription on a lintel from a synagogue in the western part of the city
כתובת הקדשה ביוונית על משקוף אבן מבית־כנסת במערב העיר

Aramaic inscription from the Hammat Gader synagogue mentioning the donation of a resident of Sepphoris
כתובת ארמית מבית־הכנסת בחמת־גדר המזכירה את תרומתו של' תושב ציפורי

Remains of a Byzantine synagogue were discovered at Sepphoris already at the beginning of this century, near the western edge of the hill, to the north of the Crusader church of Saints Joachim and Anna (the parents of the Virgin Mary, who according to Christian tradition lived in Sepphoris). This synagogue was only partly excavated, and its plan is unknown.[6] It had a mosaic floor, decorated with a simple geometric interlace pattern. One of its medallions contains an Aramaic inscription that reads: "May he be remembered for good, Rabbi Yudan, son of Tanhum, son of . . . who gave one dinar. . . ."[7] The inscription is now on display along with the remains of the Crusader church. Another inscription engraved on a stone lintel, which probably belonged to the same synagogue, was found nearby. It is in Greek and reads: "[During the time of] Hellasius the *scholasticus* and the illustrious Comes son of Aetius the Comes [in the days] of Judah the *archisynagogues* of Sidon . . . Severianus Afros the praised *archisynagogues* of Tyre."[8] Though the inscription does not enable us to determine the nature of the donation that was given to the synagogue, it does indicate that Jews from Sidon and Tyre settled in

Sepphoris, and may have even founded their own synagogue there, as did members of other Jewish communities from the Diaspora (see above).

Traces of a colored mosaic with a few letters and fragments of words in Aramaic were found on the western side of the hill, but were not *in situ*. The word "son" can be identified among the fragments; it is palaeographically similar to the inscription described above. These fragments probably came from the floor of another synagogue located in this area, though no trace of its exact site has yet been found.

There is some evidence that the wealthy citizens of Sepphoris made donations not only to the synagogues in their own city, but to those outside it, as well.[9] An inscription found in a synagogue at Hammat-Gader records that Sisiphus of Sepphoris donated the equivalent of three-quarters of a golden dinar to that synagogue.[10] A resident of Sepphoris also seems to have donated a jug of oil to the later synagogue at Hammat-Tiberias, as recorded in an Aramaic inscription on a pottery vessel found there.[11]

The Synagogue

The synagogue is situated in the north of the city, not far from the ancient road that led to the Akko-Tiberias route. It is built on an east-west axis, with a slight northward deviation to fit in with the topography and the alignment of the adjacent streets .[12] The synagogue stands at the corner of a narrow alley and a street that runs parallel to and west of the city's main colonnaded street. It was entered from the alley, near the street corner. Before the synagogue was built, residential buildings of the Roman period stood there; they were probably torn down to make way for the synagogue.

Plan of the Synagogue

The building, which has been completely uncovered, is long and narrow, measuring 20.7 x 8 m. Its walls were built of dressed stones, most of which have been robbed down to floor level. The plan of the synagogue is very simple: at the narrow side of the building, parallel to the street, is the entrance hall – a kind of narthex.[13] The entrance to the building is located in the southern wall of this room and opens on to the alley; its threshold has been preserved *in situ.* From the entrance hall the worshippers turned left, to the west, in order to enter the main hall. There seem to have been two entrances to the main hall – one opposite the room's central axis and another opposite the aisle. The long, narrow hall measures 16 x 5.6 m. A row of columns running parallel to the long northern wall divides it into two sections: a nave and a single narrow aisle. The columns, which were robbed in antiquity, stood on simple bases, one of which was preserved *in situ.* The main entrance, which must have been the wider of the two, faced the Holy Ark, which stood at the end of the hall, so that the full beauty of the mosaic floor would have been visible to anyone standing there. Unlike other ancient synagogues, there were no benches built along the walls. The worshippers probably sat on wooden benches or mats spread across the floor.[14] It seems likely that the main hall had a gabled roof, consisting of a wooden frame and ceramic tiles; clerestory windows probably provided the light. However, it is difficult to determine whether the entrance hall and aisle had sloping tiled roofs or flat clay roofs. Evidence shows that the aisle did not have a gallery, and as is commonly known, ancient synagogues had no women's section.[15]

A *bema* (elevated platform) measuring about 2.4 x 5 m stood at the western end of the hall; the steps up to it seem not to have faced the entrance, as was usual, but to have been on the side, rising from the aisle. The *bema,* on which the Holy Ark stood, was the focal point of the synagogue, and from the late 3rd or 4th century onward it indicated the direction of prayer.[16] The Midrash explains: "Those who stand outside the Land of Israel turn their faces to the Land of Israel when they pray, as it is said: *and pray to you toward their land.* Those who are located in the Land of Israel turn their faces toward Jerusalem when they pray: *and they pray to you toward this city.* Those who are in Jerusalem turn their faces toward the Temple when they pray: *and pray toward this house . . .* Those who are north of Jerusalem turn toward the south, in the south toward the north, in the east toward the west, in the west toward the east. So all Israel prays turning toward the same place . . ." (Sifrei Devarim, 29). The *kohanim* stood on the *bema* when blessing the people. In addition, the reading of the Torah and its translation into Aramaic were also probably conducted from there, as was, in all likelihood, the delivery of the sermon.

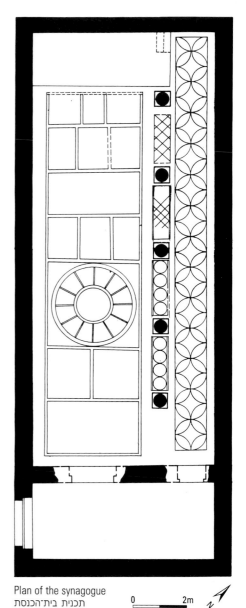

Plan of the synagogue
תכנית בית־הכנסת

The fact that the *bema* of the Sepphoris synagogue was set against the building's western wall indicates that the worshippers did not face Jerusalem. This is most unusual for ancient synagogues, though other examples of this practice have been found in the immediate vicinity of

Sepphoris. The direction of prayer was not exactly aligned with Jerusalem in the synagogues of Japhia, Ussfiyeh, and Horvat Sumaqa either.[17] It thus seems that, despite the rabbinic ruling reflected in the Midrash and the fact that many of the ancient synagogues that have been excavated so far do indeed face Jerusalem, the direction of prayer had not yet been fixed in this period.

The Sepphoris synagogue differs in many other respects from other ancient synagogues.[18] It is much more elongated than usual (with a ratio of approximately 1:2.5); it only has one aisle; the apse that served as the ritual focus of Byzantine synagogues is absent; and its overall orientation is unusual. Various explanations can be offered for some of these differences, though they are not entirely adequate. Ultimately, the finds have to be accepted as they are, with all the innovations they present. The east-west orientation of the synagogue, with its slight deviation to the north, was dictated by the road grid of Sepphoris, which also determined the alignment of the other buildings in this part of the city. Obviously, the *bema* could not have been set by the southern wall, as this would not have been in accord with the axis of the hall and the mosaic, nor could it have been placed by the eastern wall – the nearest to Jerusalem – since the entrances were located there. In any event, the iconographic arrangement of the mosaic floor and the message it expressed fit in well with the plan of the existing building. This, together with the fact that the direction of prayer toward Jerusalem was not yet considered obligatory, probably led the building's planners to erect the *bema* at the synagogue's western end.

Nevertheless, the plan of the synagogue at Sepphoris does pose some questions, since it has been generally accepted that early 5th-century synagogues were almost invariably modeled on the Christian basilica. Like several other buildings uncovered recently, the Sepphoris synagogue seems to demonstrate that the architecture (and art, as will be discussed below) of ancient synagogues, including those from the Byzantine period, was characterized by variety, and that synagogues never had a single, definite and regular plan or form. There were, however, several principles that appear to have influenced their design, though these were applied independently of one another in each and every place.

The Synagogue Mosaic

The mosaic floor is the most important part of the synagogue at Sepphoris that has survived. This mosaic, which originally covered the building's entire floor, has fortunately been better preserved in the nave than in the aisle, while nothing is left of the mosaics from the floor of the narthex. The nave mosaic was designed as a single long carpet, incorporating a number of figurative scenes. In contrast, the floor of the aisle, as well as the spaces between the columns, was decorated with carpets of different geometric patterns. The arrangement of the patterns and the relationship between them, as well as the iconographic emphasis on the nave, are familiar from other synagogues, such as those at Hammat-Tiberias, Beth-Shean, and Ussfiyeh.

The Nave Mosaic

As described above, the nave is paved with a single carpet mosaic, measuring about 13.5 x 4.5 m and surrounded by a very narrow border of white tesserae. A guilloche band in blue, red, and yellow against a black background borders the central carpet, and is framed in turn by a narrow border of black tesserae. The carpet is divided into seven horizontal bands of varying widths, some of which are subdivided into two or three panels of different sizes, separated by guilloche bands. In total, the mosaic comprises 14 panels depicting various motifs, most of which are familiar from Jewish art. The majority of the panels have been damaged, and two are almost completely destroyed. Nevertheless, most of the subjects can be identified, even in the badly damaged areas, and reconstructions of missing scenes can be suggested. Some of the human and animal figures stand on a ground line, though they are generally set

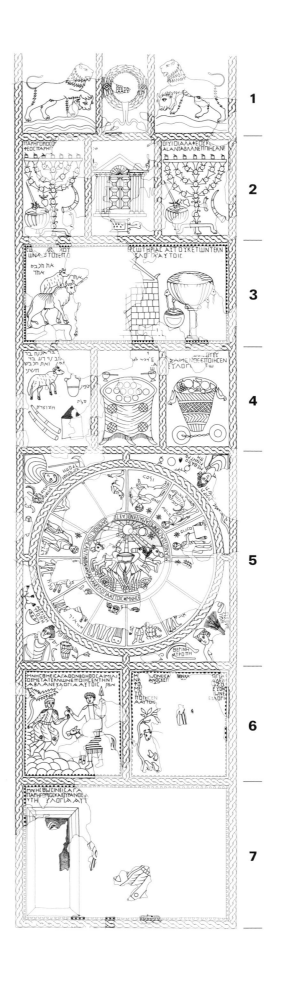

against a white background. The dedicatory inscriptions, most of which are in Greek, accompany the panels but bear no relationship to the motifs depicted.

The broadest band (No. 5), which consists of a single panel, depicts the zodiac. The four bands above it (Nos. 1–4) contain a total of ten panels: the two top bands and the fourth are each divided into three panels, while the third contains a single panel. This panel, unlike the others, is bordered by a denticulated frame of black tesserae in addition to the guilloche frame. The band below the zodiac (No. 6) is divided into two panels of almost identical size, while the last band (No. 7), nearest the entrance to the nave, is a single panel. Denticulated frames surround these three panels too, in addition to the guilloche bands – the frame around Band 6 is black, and that around Band 7 is reddish.

All the scenes depicted in the mosaic are oriented toward the *bema,* following the direction of the nave's long axis. The selection of motifs, their relative positions in the floor's overall arrangement, and their order were not only intended to emphasize the *bema,* the focus of activity in the synagogue, but also to express the hope of redemption that pulsed in the hearts of the Jews of that time – a hope that also found expression in prayer, liturgical poetry (*piyyut*), and exegesis.

This arrangement of the carpet, based on a division into bands with a zodiac in the center, is known from the mosaic floors of other synagogues – at Hammat-Tiberias, Beth Alpha, and Na'aran. At first glance, it seems to reflect a common artistic tradition.[19] The zodiac is the focus of all these floors, though this alone is not enough to group the Sepphoris mosaic with the others. In contrast to the mosaics in these synagogues, all of which are divided

into three bands with the zodiac in the middle, the Sepphoris mosaic has several bands both above and below the zodiac, most of which are divided into panels – an innovation that has no parallel in other synagogue mosaics excavated in Israel. The closest parallel to the panel arrangement of the Sepphoris mosaic is a wall-painting from the mid-3rd-century CE synagogue at Dura Europos in Syria.[20] The depictions of biblical scenes that decorated the synagogue's walls were arranged in three horizontal bands running along the prayer hall; each band was divided into several panels. This method of division, which up until now had only been known from Dura Europos, is also the basis of the arrangement of the mosaic in the Sepphoris synagogue. From a purely technical standpoint, both the walls of the Dura Europos synagogue and the floor of the Sepphoris synagogue represented the basic area available for decoration, which the artists covered with the repertoire of motifs that was at their disposal. In both cases, the artists divided the area into horizontal bands, and then subdivided the bands into panels as required. The depictions at Dura Europos and Sepphoris resemble one another in terms of their organization and the message they convey. Nevertheless, comparison of the panels devoted to identical themes reveals quite a few differences. Obviously, it should not be assumed that the makers of the Sepphoris mosaic were directly influenced by the wall-paintings of Dura Europos, but rather that both groups of craftsmen drew upon a tradition that existed in the Roman east; if this is so, it is not unlikely that other synagogues with mosaic floors or even wall-paintings arranged in this manner will be discovered in Israel.[21] Thus, in addition to its importance in its own right, the Sepphoris mosaic once again raises the

question of the source of inspiration for the wall-paintings of Dura Europos – an issue which has never ceased to perplex modern scholars.[22]

The Aisle Mosaic

The floor of the northern aisle is covered with a mosaic carpet, whose principal feature is a pattern of intersecting circles and semicircles which form flower-like shapes, each with four petals. These petals, like the spaces between them, are filled with colorful geometric patterns. The spaces between the columns are decorated with simpler geometric patterns. Dedicatory inscriptions in Aramaic were inserted between the flowers and in the space between the aisle carpet and the columns (see below).

Proposed reconstruction of the synagogue
הצעת שחזור למבנה בית-הכנסת

The Panels and Their Significance

The following is a description of the mosaic, with its seven bands and their panels presented in order, proceeding from top to bottom, from the *bema* to the entrance.

Band 1: Wreath Flanked by Lions

In the center of this band, which is nearest to the *bema,* is a narrow panel flanked by two broader ones. Almost the entire upper half of the band has been destroyed, probably as a result of stone robbing from the *bema*.

The central panel, most of which is missing, contains a wreath of stylized leaves; only some leaf tips have been preserved, as well as the thickened ends of the ribbon that bound the wreath. Within the wreath are the remains of a Greek inscription: ". . . may he be blessed." This motif is very common in synagogue art, in both reliefs (such as the lintel from Nabratein) and mosaics (such as those at Hammat-Gader and the late synagogue at Tiberias).

Each of the panels flanking the wreath contains a lion, which faces the central panel. The lions stand on a wavy, yellowish-brown ground line, emphasized by a black line. The lion on the left has been almost completely preserved, except for its head, of which only part of the mane and the tip of the lion's protruding tongue remain. Its foremost paw is slightly raised and grasps a bull's head in its claws. The right-hand panel probably contained a similar depiction.

This motif of two lions, or other animals, flanking some sort of central motif in a heraldic pose originated in the ancient Near East and is very common in Jewish art, especially in the first centuries of the Common Era. Lions appear on the floors of the synagogues at Hammat-Tiberias and Hammat-Gader flanking an inscription; at Ma'on (Nirim) they flank a menorah; and at Beth Alpha they stand on either side of the facade depicted in the panel in front of the *bema*.[23] On some of the sarcophagi from Beth-She'arim, as well as a lintel from the synagogue at Horvat Ammudim, the lions hold a bull's head in their paws.[24] The two lions may have been meant to guard those whose names are mentioned in the inscription; alternatively, their position at the top of the mosaic may indicate that they were intented to protect the synagogue and the entire community.[25] In any case, it appears that they are unrelated to the depictions in the following bands.

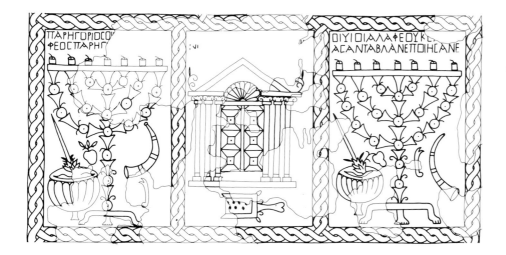

Band 2: Architectural Facade, Menorahs, and Other Jewish Symbols

This band is divided into three panels, which are almost identical in size. The central panel, most of which has been destroyed, depicts an architectural facade with two doors, each of which is decorated with three square panels, a style characteristic of the wooden doors of the time. On either side of the doorway, three columns support a Syrian gable; they stand on bases and bear stylized Ionic capitals. In the center of the gable, above the doorway, is an ornamental conch shell, which emphasizes the doors. The edges of the gable are decorated with floral *acroteria* (sculpted ornaments on the corners of the roof). The columns stand on a raised platform, reddish in color. There seem to have been several steps in the center of the facade, in front of the doors, but they have not been preserved. This type of facade is common in Jewish art, though its significance is not certain, as will be seen below. It may have depicted an actual synagogue ark, though another possibility is that it symbolized the Temple that would one day be rebuilt.

Below the facade is a single incense shovel; in contrast, the mosaics from Hammat-Tiberias and Beth Alpha each depict a pair of shovels. The hollow of the gray shovel is reddish in color, with some stones in dark red, representing glowing embers. Only one of the two cups at the shovel's corners has survived; such cups were used to hold the incense. The shovel's handle is narrow in the center, and its end is heart-shaped. Two hooks ornament the place where the handle joins the pan. Each of the two almost identical panels that flank the central scene bears a menorah and other Jewish symbols. The right-hand panel is better preserved. The menorah, which stands in the center, is shown in shades of yellow; all its seven branches are composed of alternating spheres and triangles from which two buds emerge. This is a very schematic representation of the Tabernacle menorah, with its calyxes and petals, as described in Exodus (25:31–36; 37:17–22). It has three feet shaped as lion's paws and bears a horizontal bar at the top, which in turn supports seven small bluish receptacles, one above each branch. These represent glass cups filled with oil, from which wicks or thin flames protrude, all of which lean to the left.

The Holy Ark, lions, menorah, and the Four Species on a gold-glass base from Rome, Israel Museum Collection

ארון הקודש, אריות, המנורה וארבעת המינים על־גבי "זכוכית זהב" מרומא, אוסף מוזיאון ישראל

To the left of each menorah are the Four Species. The *lulav* (palm branch), *hadas* (myrtle) and *arava* (willow) are bound together and set in a round bowl with a conical base.[26] Next to this is the *etrog* (citron), which is rendered differently in each panel. In the right-hand panel it is joined to the other plants by its stalk;[27] in the left-hand panel, the *etrog* is larger and has some leaves attached to its stem, and it is not connected to the other species. Each of the bowls is decorated with a relief of petals that emerge from the base and cover the sides, a detail characteristic of contemporary metal vessels.[28] To the right of each menorah is a *shofar* (ram's horn) decorated with three colored rings; in the left-hand panel, the *shofar*'s mouthpiece faces the menorah, while the *shofar* in the right-hand panel faces away from the menorah. An object resembling tongs appears between the menorah and the *shofar* in the right-hand panel. Similar tongs were depicted in the left-hand panel, though only the edge has survived. This object has not been encountered anywhere else in ancient Jewish art. However, it is often depicted alongside a menorah in Spanish manuscripts of the 13th and 14th centuries CE;[29] it also appears in the mosaic of the Samaritan synagogue at el-Khirbeh.[30] The tongs and shovels were used by the priests for removing ash from the menorah and trimming its wicks – a daily task in the Tabernacle and the Temple (Leviticus 24:1–4).

Most of the depictions in this mosaic band, as well as their combination within a single scene, are familiar from Jewish art, but their location within the overall scheme of the mosaic casts new light on their significance.

The Four Species, detail from Band 2
ארבעת המינים, פרט מרצועה 2

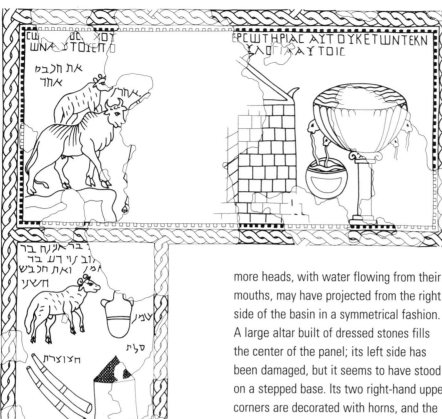

Band 3: The Consecration of Aaron to the Service of the Tabernacle and the Daily Offering

The third band, which consists of a single panel, contains a complex picture formed of three episodes, which read from right to left and continue into the band below. The center of the panel and a section on the right have been destroyed; nevertheless, the subject of the picture is perfectly clear. On the right is a water basin, set on a column with an Ionic capital. The basin is depicted as a large hemispherical bowl, decorated like the bowl in the second band. It is full of water, represented by wavy bluish lines. Two heads (bull's heads?) project from the left side of the basin, and a stream of water flows from their mouths into a hemispherical bowl nearby. Two

more heads, with water flowing from their mouths, may have projected from the right side of the basin in a symmetrical fashion. A large altar built of dressed stones fills the center of the panel; its left side has been damaged, but it seems to have stood on a stepped base. Its two right-hand upper corners are decorated with horns, and the two corners which have not survived were probably identical. The altar is depicted in an axonometric fashion; its top is reddish, representing the eternal fire. To the left of the altar, the figure of Aaron the High Priest stood, but only the inscription "Aaron" and fragments of his garment have survived. The garment is bluish and decorated with yellow dots.[31] A single intact bell can be seen at its hem, presumably representing one of the golden bells that ornamented Aaron's tunic, as described in the Bible: "And you shall make the robe of the ephod of pure blue . . . And on its hem make pomegranates of blue, purple, and crimson yarns, all around the hem, with bells of gold between them all around: a golden bell and a pomegranate, a golden bell and a pomegranate, all around the hem of the robe" (Exodus 28:31–35).[32] On the left side of the panel, a bull is shown in profile standing on a ground line, walking to the right. An ornament made of

yellowish tesserae (perhaps a wreath) can be discerned between its horns. Above (i.e. behind) it is a lamb, together with a biblical quote "one lamb . . ." (Numbers 28:4).[33] As mentioned above, the scene continues in the next (fourth) band of the mosaic, in the left-hand panel. The four objects it contains, which are labeled in Hebrew, make up the components of the daily offering that was sacrificed in the Temple: there is a lamb in the upper left corner (in addition to that in the previous panel), with the continuation of the verse quoted above: "and the other lamb. . . ." To the right of the lamb is a black jar with two handles, decorated with a white line. Above it is the Hebrew word "oil." Jars of this type, many of which have been found at Sepphoris, were common in the Byzantine period and were used to store liquids.[34] Below, to the right, is a square container, accompanied by the label "flour" (*solet*). Its contents, depicted with black and yellowish tesserae arranged in a checkered pattern, rise above the container's sides in a triangular heap. The lower left corner contains two trumpets, which are also labeled by their name. In contrast to the *shofarot* (ram's horns) of Band 2, the trumpets are depicted as slightly curved tubes that widen gently at one end. Each of the trumpets is decorated with two rings set at regular intervals.[35]

The scene described here seems to be a pictorial representation of Exodus 29, which describes the consecration of Aaron and his sons to the service of the Tabernacle, and ends with the details of the daily offering. The biblical text has three main foci. The first is the purification ceremony: "Lead Aaron and his sons up to the entrance of the Tent of Meeting, and wash them with water . . ." (vv. 4 ff.). The second is

the offering of the bull: "Lead the bull up to the front of the Tent of Meeting, and let Aaron and his sons lay their hands upon the head of the bull. Slaughter the bull before the Lord at the entrance to the Tent of Meeting" (vv. 10–11). Aaron's bull was the first offered up as a sacrifice on the sacrificial altar in the courtyard of the Tabernacle, in front of the door of the Tent of Meeting. The third focus of this chapter is not directly linked to the consecration ceremony, but deals with the daily offering, which was meant to ensure the presence of the *Shekhina* (Divine Presence) in the place chosen by God: "Now this is what you shall offer upon the altar; two yearling lambs each day, regularly. You shall offer one lamb in the morning, and you shall offer the other lamb at twilight . . . a regular burnt offering throughout the generations . . . and I will abide among the Israelites, and I will be their God . . ." (Exodus 29:38–45). These three foci of the biblical text find pictorial expression in the mosaic panels, read from right to left. The water basin on the right of Band 3 depicts the basin that stood in the courtyard of the Tabernacle, near the altar, and represents the first stage of the purification ceremony. The next stage is shown in the middle of the band: Aaron stands next to the sacrificial altar opposite the door of the Tent of Meeting, which is represented, if indirectly, by the architectural facade above, in Band 2. The bull, the first sacrifice offered during the consecration ceremony, stands next to Aaron. The third and final focus of the chapter deals with the daily offering of two lambs, which are shown in both bands – one lamb on the left in Band 3 and the other in the left-hand panel of Band 4. It appears that the fact that the daily sacrifice of two lambs was depicted in two bands was deliberate and not due to a lack of space. Its purpose was to link the two

bands, so that they would be read together, since they complete one another and together illustrate the biblical commandments of Exodus 29. As in the Bible, the daily offering depicted here symbolizes the presence of the *Shekhina* in the chosen place.

It seems, however, that the depiction of the daily offering was not based exclusively on the biblical text, but also reflects details from an early rabbinic tradition. In the Bible (Exodus 29:38–44 and Numbers 28:1–8), the daily sacrifice is made up of two lambs, flour, oil, and wine; all, except the wine, are depicted in the mosaic. However, there is no connection in the Bible between the daily offering and the trumpets, whereas the Midrash does link the blowing of the two trumpets to the daily offering. The verse "Also on the day of your gladness, and in your appointed seasons, and in the beginnings of the months, you shall blow with the trumpets . . ." (Numbers 10:10) was interpreted in Sifrei Zuta as follows: "*On the day,* this is the holiday; *your gladness,* is the festivals; *in your appointed seasons,* these are the daily sacrifices. When it says *and in your appointed seasons,* it includes each daily sacrifice . . .

you shall blow with the trumpets, and not with the *shofarot*" (Beha'alotekha, 10:10). The Mishnah notes that there were 21 trumpet blasts every day in the Temple, "three at the opening of the gate, nine at the daily morning sacrifice, and nine at the daily evening sacrifice" (Sukkah 5:5). The juxtaposition of the pair of trumpets with the second lamb, the oil, and the flour in the mosaic thus reflects actual practice in the Second Temple, as recorded in rabbinic tradition, according to which two trumpets were blown when the daily offering was sacrificed. The placing of one lamb in the panel depicting the Tabernacle and the other within the group representing the daily offering as it was performed in the Temple expressed the continuity of the cult through the generations.

The subject of Aaron's consecration to the service of the Tabernacle also appears in the synagogue at Dura Europos.[36] The panel contains a depiction of a wall with three doorways, which symbolizes the sacred enclosure; above this wall is a pagan-style temple, which holds an ark and a menorah, two incense altars, and another altar with an offering upon it, probably the sacrificial altar. Aaron stands on the right, labeled by his name in Greek. Next to him stand four figures holding trumpets, two on his right and two on his left. In the lower right corner are a bull and a ram, facing each other. Another bull, wearing a wreath of leaves around its middle, is shown in the opposite corner; next to it stands a man brandishing an ax above his left shoulder. At first glance, this panel seems to resemble the one at Sepphoris. However, analysis of the Dura Europos panel reveals that it is not a narrative depiction, but rather a set of images linked to the Tabernacle cult, which were grouped within a single frame.[37] While the consecration of Aaron does indeed appear at its center (Exodus 29), the panel also incorporates the commandment to make the trumpets that would be used to summon the community (Numbers 10:1–3), as well as a depiction of the burning of the red heifer (Numbers 19). A description of the Tabernacle and its vessels appears later in the *Topography of Cosmas,* a 6th-century CE work devoted to cosmography, which deals with theological issues and is based on various biblical stories.[38] It also appears in the Octateuchs, the illustrated Greek translation of eight biblical books (the Pentateuch, Joshua, Judges, and Ruth), whose earliest known manuscript dates to the 11th century CE.[39] Some Jewish manuscripts from the 10th century CE contain depictions of the Tabernacle and its vessels, as well.[40] Various details appearing in these manuscripts can be seen in the Sepphoris mosaic; nevertheless, the Sepphoris composition remains essentially different. While the manuscripts contain depictions of the Tabernacle and its vessels, these are presented without any direct link to the sacrifices offered there – a connection which, in contrast, receives considerable emphasis at Sepphoris.

Golden bell on the hem of the garment of Aaron, the high priest

פעמון זהב על שולי בגדו של אהרן הכוהן

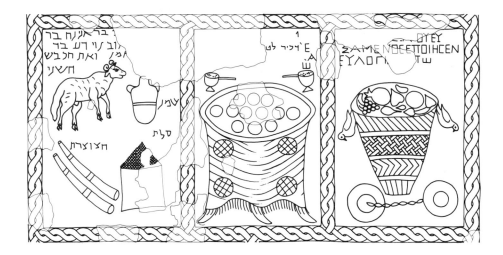

Band 4: The Shewbread Table and the Basket of First Fruits

To the right of the depiction of the daily offering are two more panels. They too deal with the sacred cult, though they do not continue the depiction of Aaron's consecration and the daily offering, nor are they linked to one another.

The central panel shows the Shewbread Table. It is round and has three legs, in contrast to the description in the Bible (Exodus 37:10–16) and other pictorial representations.[41] A yellowish-brown cloth decorated with a crisscrossed circle in each of its four corners covers the table; its lower edge is fringed, and only the very bottom of the table's legs can be seen below it. The 12 loaves on the table, some of which are missing, are round, as opposed to rectangular, the shape mentioned in the Mishnah (Menahot 11:4). They are arranged in three rows – six in the central row, three above, and three below. This arrangement does not correspond to the biblical description: "Place them upon the pure table before the Lord, in two rows, six to a row" (Leviticus 24:6). Above the table, on either side of it, are two vessels with long handles and triangular bases, which bear some black spots, representing their contents. These are the two censers containing the frankincense that were placed above the rows of bread in the Tabernacle and the Temple, as explained in the Tosefta (Menahot 11:15). The loaves in the mosaic are not piled on the table, though the position of the censers as shown in the mosaic does correspond to the description in the Tosefta to some extent.

The right-hand panel shows a basket of first fruits. It is a plaited wicker basket, of the type used by the poor to bring their first fruits to the Temple (Mishnah, Bikkurim 3: 8). Various types of plaiting can be seen, arranged in four bands that run across the basket. The basket contains a bunch of grapes, a pomegranate, and a fig, three of the Seven Species of fruit with which the Land of Israel is blessed. Two birds hang from the basket, with their heads downward. Beneath the basket is a pair of cymbals linked by a chain. The one on the left, which is bluish, reveals the outer side of the cymbal, to which the chain is attached, while the one on the right, which is yellowish, depicts the instrument's inner side.

The commandment to bring the first fruits in a basket to the priest is described in Deuteronomy 26. Several details appearing in the Sepphoris mosaic, however, seem to have been influenced by rabbinic tradition. Not only does the basket contain fruits belonging to the Seven Species, as specified in the Mishnah (Bikkurim 1:3), but the birds are shown hanging outside the basket, so they would not soil the fruit, as explained in the Jerusalem Talmud: "Rabbi Yose taught: They did not put pigeons on top of the basket, so as to avoid dirtying the first fruits, but suspended them outside the basket . . ." (Bikkurim 3:4, 65d).

Band 5: The Zodiac

The zodiac lies in the middle of the mosaic floor, arranged in two concentric circles set within a square measuring 3.3 x 3.3 m. This motif decorates the center of the mosaic floors of several synagogues in Israel, including those at Hammat-Tiberias, Beth Alpha, Na'aran, and Ussfiyeh.[42] The center of these mosaics contain a depiction of Helios, the sun god, riding in his chariot against a background of starry skies; the 12 signs of the zodiac are depicted in the outer circle, separated from each other by radial lines; the four corners of the enclosing square contain protomes of women symbolizing the seasons, which correspond to the signs in the circle. Although this basic scheme appears in the

Sepphoris mosaic, the Sepphoris zodiac nevertheless displays many innovations. Its central circle, which is surrounded by a dedicatory inscription, contains Helios' chariot, harnessed to four horses and shown frontally. The horses, which occupy the entire width of the circle, are depicted in profile (two gallop to the right and two to the left), with their front legs stretched forward. The inner pair turn their heads to the center, as though looking back at the chariot. The two outer horses face outward, in the direction in which they are galloping. The horses are bridled and harnessed to an unseen shaft. Little can be seen of the chariot except for its front and two wheels, which are shown in profile between the horses' legs. The choice of a frontal view made it difficult for the artist to indicate

depth perspective correctly. The lower part of the circle contains bluish wavy lines, which represent a body of water – perhaps the sea – from which the sun chariot emerges. The moon and a single star are represented in the upper part of the circle against a blue background. The moon is shown as a full circle; its crescent is depicted with white tesserae as if lit, while the rest is colored dark brown. However, the most interesting feature of this scene is the sun, which replaces Helios, who is not depicted in the mosaic. The sun appears suspended in the middle of the sky, its ten rays radiating out in all directions. The lowest ray descends to the chariot, creating the illusion that the sun itself is actually riding in the vehicle.

Four of the 12 zodiac signs that originally filled the outer circle have been well-preserved. The others have been damaged in one way or another, and some have been almost completely destroyed. Nevertheless, at least one detail has survived from each of them that allows them to be identified with certainty. The zodiac has several striking features, some of which have not been encountered ever before. The signs are arranged counterclockwise, and almost all of them are accompanied by the figures of young men. These figures are depicted with their heads toward the inner circle and their feet outward. Most are draped in cloaks that cover their torsoes, though some are almost naked. They are all barefoot, except for one who seems to be wearing a short tunic and black shoes. Each sign is accompanied by its name and the name of the month in Hebrew,[43] as well as by a star on the right or left, at the upper edge.

The bull (Taurus) and lamb (Aries) are shown running, in profile, each with a young man standing next to it; the youth accompanying the bull holds a staff. The two youths that symbolize the sign of Gemini are depicted frontally, naked and embracing; the youth on the right seems to be holding a stringed instrument, and the one on the left a club. The crab (Cancer) is shown as though viewed from above, turning to the right, with the youth in the short tunic and black shoes next to it; he is portrayed frontally and holds an unidentified object. The lion (Leo) is depicted leaping to the right, and is also accompanied by a youth. The figure of Virgo has been almost completely destroyed; all that is left is two ears of wheat, which she probably carried. Libra is represented by a young man facing right, who carries a pair of scales in his right hand. Like the crab, the scorpion (Scorpio) is also shown as though seen from above, facing right and accompanied by a young man resembling the youth from the preceding sign. Sagittarius is represented by a centaur leaping to the right; he stands on his two hind legs, with his forelegs extended, and grasps a bow and an arrow. Most of the Capricorn figure has been destroyed; the little that remains seems to indicate that a kneeling youth held the goat's hindquarters, and that the animal faced right. Only the water flowing to the ground from the bucket has survived of the figure of Aquarius. Pisces is shown as a youth holding two fish suspended from a hook.

The four seasons depicted in the corners of the enclosing square, next to the months to which they correspond, are personified as four busts of women, shown frontally, with their faces rendered in three-quarter view, turning to the left. They are accompanied by objects symbolizing the agricultural activity characteristic of each season, and an inscription naming the season in Hebrew and Greek. The figure of Nisan (Spring) is arrayed in a sleeveless dress in

The zodiac from the synagogue at Hammat-Tiberias, 4th century CE
גלגל־המזלות מבית־הכנסת בחמת־טבריה, המאה הרביעית לספירה

different shades of yellow; her wavy hair is gathered on top of her head with a pin and decorated with three roses. A small sickle, a basket of flowers, and two lilies on a stalk appear on her right, while on her left is a round bowl containing flowers and a branch of roses. Most of the lower part of the figure of Tammuz (Summer) has been destroyed, though she seems to have been naked. Her hair is gathered close to her head and resembles a pointed yellowish cap. On her right is a sheaf of corn and various fruits, and on her left a sickle with a long, serrated blade and another unidentified tool, which probably had some agricultural function. The young woman who symbolizes Tishri (Fall) is similar to the figure of Nisan. Her hair seems to be braided in a loop behind her head, but is also gathered on top of her head and held by a pin, and she wears an earring in her left ear. On her right are two pomegranates and other fruits, and on her left is a vine branch with tendrils; it probably originally bore a bunch of grapes, as in similar scenes in other mosaics. Tevet (Winter) is a melancholy figure, draped in a grayish robe that covers her head. On her left is an ax with a long handle, and on her right a tree with a drooping branch, a small sickle, and an unidentified fruit.

Depictions of the seasons and the zodiac signs with Helios in the center are familiar subjects in pagan art, though the combination of all three elements in a zodiac is only known from synagogues.[44] The earliest example, from Hammat-Tiberias, dates from the 4th century CE;[45] the zodiacs from the synagogues of Beth Alpha and Na'aran date from the 6th century CE. The basic formula of these depictions remained almost unchanged over the centuries, despite stylistic modifications. The Sepphoris zodiac, however, is exceptional. Its basic

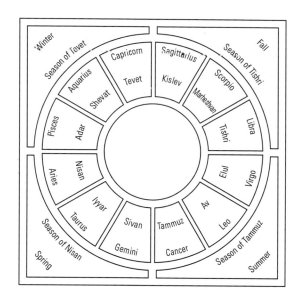

arrangement does not differ from that of other examples, as noted above, but several of its iconographic details are unique, especially those which were omitted. The design of the seasons, including the large number of symbols representing them, and the names in Greek that accompany the Hebrew titles are not paralleled elsewhere. The unusual and detailed portrayal of each zodiac sign is also exceptional, as is the incorporation of the dedicatory inscription in Greek around the central circle. However, the absence of Helios (*Sol Invictus* – the invincible sun god), is by far the most striking feature of the Sepphoris zodiac. While in all other depictions of the zodiac, Helios is portrayed driving his chariot, the chariot in the Sepphoris mosaic is empty, with only the sun shining above it. Needless to say, the absence of Helios raises many challenging questions.

Proposed reconstruction of the depiction of the Binding of Isaac
הצעת שחזור לתיאור עקדת יצחק

Band 6: The Binding of Isaac

The two panels in the sixth band are linked to the story of the Binding of Isaac (Genesis 22:1–19). The left-hand panel shows the two servants who remained at the bottom of the mountain with the ass; the Midrash identifies them as Eliezer and Ishmael (Vayikra Rabba 26:7). Curved, scale-like lines fill the panel's lower left corner, representing the foothills of Mount Moriah. In the foreground stands the ass, shown facing left, in profile, with a colorful packsaddle on its back. One of the servants stands behind it, shown frontally with his head turned slightly to the left, toward the other servant. In one hand he holds a spear, while the other hand is slightly raised toward the center of the scene, with the middle and index fingers raised in a gesture that signifies benediction in Christian art. The servant on the left sits under a tree, shaded by one of its branches. His torso is shown frontally, while his legs are depicted in profile. His head is turned slightly to the right, toward the first servant. In his left hand he holds the ass's reins, while his right hand extends to the side. Both servants are dressed in short, ornamented, close-fitting tunics with long sleeves and wear black shoes.

The story continues in the right-hand panel, but only a very small part of it has been preserved. On the left of the panel is a tree with a curved trunk, with a few greenish leaves sprouting from its only branch. The head of an animal tethered with a red rope to the tree by its left horn is all that remains of the ram that must have been depicted in this section. Below it are two upturned pairs of shoes. Another small section of the mosaic has been preserved in the center of the panel; here it might be possible to identify the blade of a vertically held knife, with traces of a robe to its right. The Binding of Isaac is also depicted above the niche for the Holy Ark in the synagogue at Dura Europos and in the mosaic from the synagogue at Beth Alpha. This subject is particularly common, however, in Christian art, since the story of Isaac was viewed in Christian theology as a prefiguration of Jesus' crucifixion.[46] On the basis of parallel scenes, especially that on a Byzantine pyxis (box) in the Bologna Museum, it can be assumed that Abraham stood in the foreground, occupying most of the panel, and that his figure was portrayed as much larger than the other details.[47] Judging from the small surviving piece of the mosaic, Abraham was probably dressed

Depiction of the Binding of Isaac on an ivory pyxis from the Byzantine period. Courtesy of the Museo Civico Archeologico di Bologna
תיאור עקדת יצחק על־גבי קופסת שנהב מן התקופה הביזנטית. באדיבות המוזיאון העירוני לארכיאולוגיה של בולוניה

in a white robe with black stripes near the edge and held the knife in his right hand with its point above his right shoulder. His other hand presumably grasped the smaller figure of Isaac, who would have been portrayed on the right, next to Abraham and the altar prepared for him. The ram, whose head has survived, stood on the left side of the panel, completing the scene.

As already mentioned, two pairs of upturned shoes are visible beneath the tree in the right-hand panel. The larger pair must have belonged to Abraham, and the smaller to Isaac. This detail reflects the tradition that Isaac was a youth at the time, rather than a 37-year-old man, as suggested in rabbinic sources.[48] In the numerous depictions of the Binding of Isaac in both Jewish and Christian art, Abraham and Isaac often appear barefoot, though their shoes are never seen placed beside them. In order to understand this detail, the picture must be considered from a wider perspective. The biblical story records that God commanded Abraham to go to the Land of Moriah; only on the third day of their journey was the mountain revealed from afar to Abraham. The Midrash explains: "He saw a cloud enveloping the mountain . . ." (Bereshit Rabba 56:2). The cloud symbolized the *Shekhina* that dwelt in the place chosen for Isaac's sacrifice. Abraham and Isaac, who were the only ones to whom this vision appeared, ascended the mountain together, leaving the servants and the ass behind. According to the interpretation presented by this mosaic, when Abraham and Isaac reached the chosen spot, they both removed their shoes out of respect for the sanctity of the site – a detail that is not mentioned in the biblical account. The removal of shoes due to the sanctity of a particular place is referred to in several biblical passages: Moses in the presence of the Burning Bush

(Exodus 3:5) and Joshua in the presence of the captain of the Lord's host (Joshua 5:15). It finds expression, at least in the case of Moses, in both Jewish and Christian art,[49] also occurring in depictions of the Revelation at Mount Sinai, in which Moses is shown going barefoot to receive the Torah from the *Shekhina,* with the shoes which he has just removed lying behind him.[50] This act, even though it is not explicitly mentioned in the biblical story of the Binding, stems from the concept that any contact with a higher power necessitates the removal of shoes. This concept originates in the Bible, but was even further developed in rabbinic literature, as in the midrash: "Wherever the *Shekhina* appears, one must not go about with shoes on . . ." (Shemot Rabba 2:6). In all probability, this tradition influenced the design of this panel. The presence of the *Shekhina* in the form of a cloud enveloping the mountain necessitated the removal of shoes. The artist who designed this panel, or the artistic traditions on which he relied, recognized, perhaps on the basis of the above-mentioned sources, that Abraham and Isaac would have removed their shoes at the site of the Binding, where the *Shekhina* dwelt. This is the first known example of this detail. There is no way of knowing whether the artist came up with an independent interpretation of the biblical story, or whether the depiction echoes a midrash that has since been lost. In any event, this interpretation, which has come down to us through the medium of Jewish art, is in keeping with the literary sources.

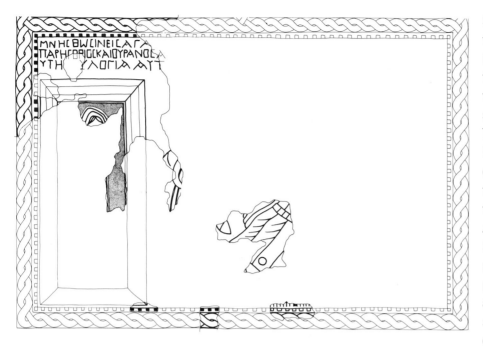

Band 7: The Angels' Visit to Abraham and Sarah

Most of the band nearest the main entrance to the nave has been destroyed, but the few details that have survived, which can be interpreted in the light of parallel depictions, have made it possible to reconstruct the subject of this scene. On the left of the band is a rectangular frame in shades of yellow, emphasized by black lines; within it are traces of a figure set against a background of black tesserae. The figure seems to be a woman draped in a robe or veil, similar to the figure of Tevet (Winter) in Band 5; her brown hair can be seen above her forehead, below her veil. She seems to have been depicted frontally, with her face turned slightly to the right; traces of her robe, emphasized by a white stripe, are still visible. In another section, to the right of the frame, there seems to be the edge of a garment, which probably belonged to another figure. Further to the right, below this, the lower part of a third figure can be seen, depicted in a reclining position. This figure wears a tunic similar

to those seen on Abraham's servants (Band 6), with a cloak on top. In contrast to the yellowish hues of the tunic, the cloak is depicted in shades of red, with black lines for emphasis. Below this figure are traces of a cloth, similar to the ass's packsaddle in Band 6, with a fringed hem; between the fringes a yellowish stripe is visible, perhaps representing the leg of a table.

The best iconographic parallel to this scene is a wall-mosaic from the presbyterium of the Church of San Vitale in Ravenna, which dates from the mid-6th century CE.[51] In the center of the panel are the three angels, reclining around a rectangular table, with Abraham standing beneath a tree to their left, his outstreched arms offering them a round tray laden with food. Sarah stands behind, at the opening of the tent, looking out. She wears a long dress and a veil that covers her head, shoulders, and arms. On the other side of this panel, to the right of the table, the Binding of Isaac is depicted. On the basis of the Ravenna mosaic and similar depictions, it can be said with a reasonable degree of certainty that the lowest band of the mosaic from the

Sepphoris synagogue depicts the story of the Angels' Visit to Abraham and Sarah at Elonei-Mamre (Genesis 18:1–15). The figure on the left is Sarah, standing at the tent entrance, while the rectangular frame surrounding her is the tent with a flat roof. The black background represents the dark interior of the tent, in contrast to the light outside – a detail shown in a similar way in the Ravenna example. The garment visible to the right of the tent probably belongs to Abraham, who stands with his back to Sarah and his face toward his guests. Only part of one of the three angels has been preserved in the rest of the panel. It may be assumed that they were depicted semi-reclining, perhaps around a low table covered with a cloth, whose fringes have been preserved at the bottom of the mosaic.

If this interpretation of the scene is correct, this is the earliest known depiction in ancient Jewish art of the Angels' Visit to Abraham and Sarah – the visit during which Isaac's birth was foretold. The scene symbolizes the importance of hospitality (Greek: *philoxenia*). It is common in Christian art, since it was regarded as a prefiguration of the Incarnation, in which God appeared in human form, or of the Annunciation, in which Jesus' birth was announced to Mary.[52] In the Sepphoris mosaic, this story is appended to the pair of panels in the band above, which depict the Binding of Isaac; together, they form a complete iconographic unit with a single message. The juxtaposition of these two subjects at Ravenna, and, for example, in the "Golden Haggadah" from Spain, dated to the 14th century,[53] lends further support to the identification proposed here.

The Binding of Isaac and the Angels' Visit to Abraham and Sarah, wall-mosaic from
the Church of San Vitale, Ravenna, 6th century CE

עקדת יצחק וביקור המלאכים אצל אברהם ושרה, פסיפס־קיר בכנסיית סן־ויטלה, ראוונה, המאה השישית לספירה

Sarah at the entrance to the tent

שרה בפתח האוהל

Proposed reconstruction of the depiction of the Angels' Visit to Abraham and Sarah

הצעת שחזור לתיאור ביקור המלאכים אצל אברהם ושרה

The Significance of the Iconographic Scheme

As we have seen, each of the scenes in the synagogue mosaic constitutes a separate iconographic unit. At the same time, each one is thematically linked to those that border it. Three main foci can be distinguished in the mosaic. The first is composed of the Angels' Visit to Abraham and Sarah and the Binding of Isaac; the second is the zodiac in the central panel; and the third consists of the architectural facade with its accompanying symbols, the consecration of Aaron and the daily offering, and the Shewbread Table and basket of first fruits. In our opinion, these three foci combine to form a single message, which underlies the scheme of the entire floor. In order to discover what each of the foci represents and the thematic connection between them, it is first necessary to analyze the individual components of each group and determine how they are related. Only after this is it possible to explain the iconographic scheme of the mosaic as a whole and the religious and ideological message it conveys. As we shall see, this message is expressed not only by the subjects depicted, but also by the very order and position of the three foci.

The Promise

The first focus appears in the three panels nearest the nave entrance, below the zodiac. The panels are arranged in accordance with the sequence of the events they portray, based upon the biblical story. In the first scene, the angels come to Abraham to tell him of the forthcoming birth of Isaac (Genesis 18:10; Band 7). In the next panel, Abraham is asked to sacrifice Isaac (Genesis 22:2; Band 6). Abraham reveals unhesitating willingness to fulfill God's command, but in view of his expression of perfect faith, God prevents him from carrying out the deed (vv. 11–12). Ultimately, Abraham offers the ram as a sacrifice instead of Isaac. The Midrash relates that after his sacrifice of the ram, Abraham said the following prayer: "Master of the whole universe, the moment you said to me: *Take your son, your favored son*, I could have retorted: Yesterday you promised me: *for it is through Isaac that offspring shall be continued for you* and now you say to me: *Take your son*. But, heaven forbid, I did not act that way. On the contrary, I suppressed my feelings of pity in order to do your will. So may it be your will, O Lord our God, that whenever Isaac's children get into distress, you recall that binding on their behalf and be filled with compassion for them . . ." (Bereshit Rabba 56:10). According to another midrash (Pesikta de Rabbi Kahana, 23:9), this prayer caused God to appear to Abraham a second time, as is written in the Bible: "Because you have done this, and have not withheld your son, your favored one, I will bestow my blessing upon you and make your descendants as numerous as the stars of the heaven and the sand on the seashore; and your descendants shall seize the gates of their foes . . ." (Genesis 22:16–18). God's promise to Abraham is the underlying message of these depictions. After Abraham demonstrated his willingness to sacrifice his son, God assured Abraham that not only would Isaac be his heir, but that he would have multitudinous descendants, whom God would bless and protect from danger. The mosaic's scenes are thus not only designed to relate the biblical story itself, but also to symbolize the promise for the future implicit in the story. This promise plays an essential role in the overall iconographic scheme, as will be seen below.

The servants' hands, detail from Band 6
ידי הנערים, פרט מרצועה 6

God's Centrality in Creation

The zodiac, the second focus, is located in the center of the floor (Band 5), which indicates its centrality in the iconographic scheme and its role as the link between the different themes. Even though all the elements that make up the zodiac are known from Roman and Byzantine art, their combination in a single scheme is unique to synagogue art. The vital question of what the zodiac in the mosaic floors of ancient synagogues actually symbolized has perplexed many scholars. All of them have agreed that this motif must have had a special meaning, in view of its location in the center of the floor. Some scholars have tried to link it to the Jewish calendar;[54] others have assigned it some cosmic or even astrological significance;[55] yet others have seen it as some sort of key to the liturgical poems (*piyyut*) recited in the synagogue.[56] It seems, however, that the zodiac symbolized the blessing implicit in the divine order of the universe. This order is expressed in the depictions of the seasons, the zodiac signs, the months, and the celestial bodies, which are all responsible for the cyclical patterns of nature, for growth and for harvest.[57] According to this idea, the depiction of Helios in the center of the zodiac symbolizes the sun's place in the center of the universe. The personification of the sun as a charioteer driving his chariot also appears in the Midrash: "*The chariot of it purple. Chariot signifies the sun, which is set on high and rides in a chariot, lighting up the world. This accords with the text: The sun, which is as a bridegroom coming out of his chamber . . . As a result of the potency of the sun the rain comes down, and as a result of the potency of the sun the earth yields fruit . . .*" (Bamidbar Rabba 12:4).

In Roman art, Helios, shown in a chariot harnessed to four horses and holding an orb and a whip, symbolized the god who rules the universe.[58] In the 3rd century CE, several emperors identified themselves with the sun god, and beginning with the reign of Constantine in the 4th century, the emperor and his patron Helios became one. In later Roman art, the emperor is depicted as the ruler of the world (Greek: *cosmocrator*), in the form of *Sol Invictus*, the invincible sun god, riding in a chariot, dressed in spectacular garb and bearing all the appurtenances of authority. The characteristics of Helios as sole ruler of the world were also used in a metaphorical fashion in other religions. Helios is often depicted together with Mithras,[59] and even Jesus is sometimes portrayed as the rising sun.[60]

The question remains, how should the figure of Helios in the synagogue zodiacs be interpreted? Is this figure merely intended to symbolize the sun's central role in the universe, as is also noted in the Midrash, or is it a deeper, more complex metaphor? In the context of a discussion of the rod and orb, which symbolize the power of the ruler of the world, the Talmud offers the following interpretation by Rabbi Ze'ira son of Abbahu: "*Happy is he who has the God of Jacob for his help. And what is written afterwards? Who made heaven and earth.* And what is the connection between the two phrases? A mortal king has a patron to whom he is subservient. In this region he does not truly rule. Is it possible that he rules in another? And if you would claim that there is a *cosmocrator* (who rules the whole world), he rules over land, but does he rule over sea? But the Holy One, blessed is he, is not so. He rules over sea and land . . ." (JT, Avoda Zara, 3:1, 42c). This rabbinic interpretation compares the power of the emperor, the ruler of the world (*cosmocrator*), with that of God — the true *cosmocrator* according to Rabbi Ze'ira, who rules over land and sea and is thus all-powerful. The sun does indeed occupy a central position in the world, as can be seen in the mosaic, but ultimately it is God who rules all creation. The depiction of the figure of Helios in the zodiac thus does not presume to represent God in human terms, but is intended as a kind of allegorical symbol of God's omnipotence. Just as the *cosmocrator* was used in the aforementioned passage as a metaphor for God's power, so did Helios' chariot, emerging from the sea toward the heavens, serve the artist of the Sepphoris mosaic as a means of visually expressing this very concept.[61] So that this idea would be universally understood, the artist had to use the familiar language of symbols.[62] Helios in his chariot was a well-known symbol of power over the world, and for the Jews of that time, it clearly expressed the concept that God is the true *cosmocrator*, whose glory fills the world. Helios, set at the center of the zodiac, thus symbolizes God's power as the sole ruler of the universe and creation. It seems that because of the fundamental significance that could be derived from the interpretation proposed here, the artist at Sepphoris deliberately refrained from depicting Helios himself, in contrast to the mosaics of Hammat-Tiberias and Beth Alpha, for instance. Helios' absence provides no indication of the anti-paganism or religious zeal of the Jews who worshipped at this synagogue, since mythological figures, such as the centaur, are incorporated elsewhere in the zodiac. The archeological evidence discovered at Sepphoris and elsewhere in Israel, along with the fact that during this period paganism was already on the wane, also argues against this possibility.[63]

Redemption

The third and last focus of the mosaic includes the panels above the zodiac, near the *bema* (Bands 2–4).

The architectural facade in Band 2 is of a type that is very common in Jewish art, though its significance has not yet been conclusively explained. Some scholars believe that such scenes depict actual synagogue arks.[64] This would imply that in ancient synagogues, the Holy Ark with its Torah scrolls stood within an *aedicula* (niche), ornamented with columns and a pediment and flanked by a menorah on either side. The other objects, apart from the incense shovel, were presumably used in the synagogue as well, and were incorporated in the mosaics for this reason. According to other scholars, these depictions are linked to the Temple and its cult, and in artistic terms signify the messianic longing for the rebuilding of the land and the Temple.[65] Another possibility is that the facade and the accompanying objects symbolize both themes simultaneously.[66]

The objects in the Sepphoris mosaic are quite similar to those appearing in the other scenes of this type, both in their form and their grouping. The idea behind these scenes is a composite one, as they attempt to identify the Holy Ark with the Temple, while emphasizing the latter. The typical depictions seem to incorporate details of actual synagogue arks and objects, such as the wooden doors of the ark, the menorahs that flanked it, and the *ner tamid* (eternal light) suspended in front of it.[67] However, in the Sepphoris example, the inclusion of the incense shovel and the tongs – ritual objects used in the Temple cult – and, in particular, the scene's location within the sequence of depictions associated with the sacrificial cult and the Temple suggest that

Bird hanging from the basket of first fruits, detail from Band 4
גוזל תלוי על סל ביכורים, פרט מרצועה 4

the Sepphoris example represents the Tabernacle and the Temple.

Indeed, it can be said that the architectural facade in the Sepphoris mosaic expresses, at the same time, two themes that are parallel in terms of both their religious and their conceptual significance. On the one hand, this depiction is linked to the scene of the consecration of Aaron, shown in the panel below, and together with it represents the plan of the Tabernacle; the basin and the sacrificial altar, which stood in the Tabernacle court opposite the door of the Tent of Meeting, appear in the mosaic directly below the architectural facade, which symbolizes the entrance to the Tabernacle. On the other hand, the facade, together with the two bands beneath it, expresses the yearning for the rebuilding of the Temple, as will be explained below. This is the reason why this panel is located at the top of the mosaic, near the *bema* and in the direction of prayer.

The story of Aaron's consecration, as mentioned above, continues in the left panel of the band below (Band 4). But why were the Shewbread Table and the basket of first fruits, shown further along the band, added to these two panels? If the artist had intended to depict the Tabernacle's vessels, why did he choose the basket of first fruits; and if he wanted to represent the different kinds of sacrifices, why did he depict the Shewbread Table? Surely there must have been some reason. It appears that all these depictions combine to form a structured iconographic scheme, behind which stands a clear message, which can be explained by the following midrash: "The Holy One said: When you sacrificed the shewbread you would sow a little and harvest plenty, but now you sow plenty and harvest little . . . *And the fig tree does not bud,* since the offering of the first fruits has ceased; *and no yield is on the vine*, since the libations ceased; *the olive crop has failed*, since olive oil is no longer used for lighting; . . . *the sheep have vanished from the fold*, since the daily offerings have ceased; and *no cattle are in the pen*, since the bull [sacrifices] have been canceled. Rabbi Simeon son of Gamliel said: Since the destruction of the Temple, a day does not pass without a curse . . . But in the world to come the Holy One, blessed be he, will reinstate the blessings he used to provide, as it is said: *But you, O mountains of Israel, shall yield your produce and bear your fruit for my people Israel, for their return is near . . .*" (Tanhuma Buber, Tetzave 10).

This midrash alludes to the link between the daily offering, the shewbread, and the first fruits, implying that these elements were the source of abundance and blessing for the Jewish people in the years when the altar was still standing: the shewbread increased agricultural produce, the first fruits improved the fruit harvest, and the daily offerings multiplied the flocks. Since the destruction of the Temple, this abundance had vanished. However, according to the midrash, God had promised his people that he would reinstate the blessing in future. The three elements mentioned in the midrash appear side by side in Band 4 of the Sepphoris mosaic. Their combination represents man's basic needs — bread, fruit, and meat — and within the context of this structured iconographic scheme, conveys a clear eschatological message. These elements were not selected merely to represent the material prosperity that prevailed in the days of the Temple, but also to express the hope that just as God had filled the world with abundance in the past, by virtue of the Temple cult, so would he redeem his people in the future, rebuild the Temple, cause the *Shekhina* to dwell there, and return prosperity to the world. This eschatological message, which expresses the world view and religious aspirations of the Jews of the Land of Israel, is a theme that runs throughout the rich fabric of the entire mosaic.

The Motifs as Part of a Structured Scheme

When the mosaic is read as a whole, as a single structured scheme, the significance of each of its foci in the overall message becomes clear: the Angels' Visit to Abraham and Sarah and the Binding of Isaac symbolize the promise; the zodiac expresses God's centrality in creation, in his promise, and in redemption; and the architectural facade and other symbols associated with the Tabernacle and Temple represent the future redemption.

The Binding of Isaac is frequently referred to as the reason for the Jewish people's salvation in the past and the present, and for their future redemption. This concept is expressed in the following rabbinic interpretation: "*God will see*. You will be reminded for their sake of the Binding of Isaac their father, and will be filled with compassion for them. And what is written afterwards? *And Abraham lifted up his eyes and looked, and behold behind him a ram*. What is the meaning of 'behind'? Rabbi Judah son of Rabbi Simon said: After [= behind] all the generations [= in the future] your children are going to be caught up in sin and entrapped in troubles. But in the end they will be redeemed by the horns of this ram . . . For that entire day, Abraham saw how the ram got caught in one tree and freed itself and went forth, then got caught in a bush and freed itself and went forth . . . The Holy One, blessed be he, said to him: Abraham, this is how, in the future, your children will be caught by their sins and trapped by the kingdoms, from Babylonia to Media, from Media to Greece, and from Greece to Edom [= Rome]. He said to him: Lord of the ages, is that how it will be forever? He said to him: In the end they will be redeemed by the horns of this ram . . ." (JT, Ta'anit, 2:4, 65d). The message behind this passage is that the troubles and everyday problems of the Jews of the Land of Israel will not continue for ever, but the day will come when God will redeem Abraham's descendants because of the Binding of Isaac.

The Binding also has another important aspect, which is linked to the sacrificial cult of the Temple.[68] This link is not only based on the identification of Mount Moriah, the site of the Binding, with the place where the Temple was eventually built, but also on the fact that the sacrifices, especially the two lambs of the daily offering, were traditionally intended to serve as a reminder of the Binding: "When Abraham our father bound Isaac his son, the Holy One, blessed be he, instituted (the sacrifice of) two lambs, one in the morning and the other in the evening . . . What is the purpose of this? It is in order that when Israel offers the daily offering upon the altar and reads the scriptural text *Northward before the Lord*, the Holy One, blessed be he, may remember the Binding of Isaac . . ." (Yalkut Shimoni, Vayyera, 99). The word "northward" (*tzafona*) is understood in this passage as signifying "hidden away" or "preserved" (based upon the Hebrew word *tzafun*), meaning that the Binding of Isaac is preserved in God's memory forever. This is why, in conjuction with the offering that is a reminder of the ram sacrificed instead of Isaac it is said: "Northwards before the Lord. . . ." According to the interpretation, the sacrificial cult of the Temple was intended to remind God of his promise to Abraham that he would remain with the patriarch's descendants in the future and would save them from all troubles. The rebuilding of the Temple on the chosen site and the renewal of the sacrificial cult would return material prosperity to the world. However, this would be only the beginning of the promised redemption. Liberation from the yoke of Roman rule and atonement for sins were also considered part of the redemption that the resumption of the sacrificial cult would bring.

The zodiac, which expresses God's power and his kingship over all creation, is in fact the link that ties together the past and the future. Its location in the center of the floor expresses the message behind all the panels in the mosaic, that God is the true ruler of the world, who remembers his past promise to Abraham on Mount Moriah and will rebuild the Temple on the chosen site in the future. The panels depicting the cult in the Temple stand in contrast to the panels that represent the promise in the form of the Angels' Visit to Abraham and Sarah and the Binding of Isaac. They are not, therefore, anachronistic depictions of the Tabernacle or of the Temple that had been destroyed, but an expression of the hope that lay deep in the hearts of all Jews for the rebuilding of the Temple on Mount Moriah, and for the redemption that would come to Abraham's descendants. The architectural facade portrayed in Band 2 does not only represent the Tabernacle or the former Temple, but simultaneously symbolizes the future Temple for which both the Jews of Israel and the Diaspora prayed. With its rebuilding, they hoped not only that material prosperity would return to the world, but ultimately, that the long-awaited redemption of Abraham's descendants would finally arrive.

This clear, defined, and didactic message found expression in prayer, exegesis, and liturgical poetry (*piyyut*), as well.[69] For instance, the first benediction of the Amidah prayer, which is recited three times each day and must have been familiar to the worshippers in the Sepphoris synagogue, also combines the three foci discussed above: "Blessed are you, O Lord . . . great, mighty, and revered God, sublime

God . . . who remembers the good deeds of the patriarchs, and who will graciously bring a redeemer to their children's children for the sake of his name . . . Blessed are you, O Lord, shield of Abraham."[70] This benediction, which opens with God's greatness in the world and mentions the good deeds of the patriarchs and the promise of redemption, links all three themes while basing them on God's power and centrality in creation.

This concept, expressed verbally in prayer, is conveyed by visual means in the Sepphoris mosaic, as in other places, by the use of symbols familiar to the Jews of this period. The mosaic carpet in the synagogue at Beth Alpha, which dates from the 6th century CE, is organized in a similar fashion.[71] There, too, a zodiac appears in the center of the carpet; to its north is a panel depicting the Binding of Isaac, and to its south is an architectural facade, two menorahs, and the other Jewish symbols that appear at Sepphoris. However, unlike the Sepphoris mosaic, the depictions that symbolize the promise on one side and the building of the Temple as part of the redemptive process on the other side are much smaller. The Binding of Isaac and the architectural facade with a menorah and the Four Species also appear above the niche for the Holy Ark in the mid-3rd-century synagogue at Dura Europos.[72] Their prominent location lends support to the assumption that these motifs were regarded as historical and prophetic evidence of God's promise to his people.[73] As mentioned above, a similar concept lies behind the mosaics of Beth Alpha and other synagogues throughout Israel, though it is far more developed and refined in the mosaic from Sepphoris.

The mosaic carpet from the synagogue at Beth Alpha, 6th century CE
שטיח הפסיפס בבית־הכנסת בבית־אלפא, המאה השישית לספירה

The Synagogue Inscriptions

The synagogue mosaic is rich in inscriptions. Most of the inscriptions that accompany scenes are in Hebrew, though a few are in Greek. The others are dedicatory inscriptions: in the northern aisle, all are in Aramaic, while in the nave all but two are in Greek. This division is very interesting, though it is difficult to explain. It is possible that the Greek-speakers were closer to the world of art, and therefore, inscriptions in their language appear next to the colorful scenes that were executed in accordance with their taste. However, another possibility is that the Greek-speaking population was more affluent, and could therefore afford to make larger donations toward the cost of the decoration, which must have been considerable.

The dedicatory inscriptions are all of the same type. Their benedictory formula, whether in Aramaic or in Greek, is quite similar to that known from other synagogues. The inscriptions name the donors and bless them for their deed. They usually mention the father of a family and his children as having donated a certain sum of money, probably to fund part of the mosaic. In most cases, there are no further details identifying the donors or their roles in the community. Though little information can thus be gleaned from the inscriptions, they are nonetheless important. Their variety and quantity, which attest to the fact that quite a few of Sepphoris' Jews contributed to the construction and adornment of the synagogue, also enrich our knowledge of the Hebrew and Greek personal names used in Israel during this period, adding to information found in other epigraphic sources. The ratio of Greek to Aramaic inscriptions indicates that the Jewish community at Sepphoris was bilingual at this time.

The Hebrew Inscriptions

Hebrew inscriptions appear in only three panels, including the one with the zodiac. They serve to identify the figure or object next to which they appear, in one or two words, using the biblical spelling. Next to the figure of the high priest Aaron, for instance, is the name "Aaron," and above the components of the daily offering are the words "oil," "flour," and "trumpets." Quotations from the biblical verse mentioning the daily sacrifice of two lambs appear next to the depictions of these animals: "the one lamb . . . and the other lamb . . ." (Exodus 29:39; Numbers 28:4). [74]

The inscriptions in the zodiac record the names of the seasons, the months, and the zodiac signs. From a linguistic standpoint, they exhibit no real deviations from the way such names appear at other sites. For instance, the sign for the month of Tishri is labeled "scales" (Libra) and that for Marheshvan is "scorpion" (Scorpio), while "lion" (Leo) is the sign for Av. In contrast, an unusual feature is the doubling of the letter *gimel* in the Hebrew word for "fish" (*dagim*), which represents Pisces. The combination of the names of the months with those of the zodiac signs is also unusual, as mentioned above. However, the synagogue at En-Gedi contains a list of the signs of the zodiac, followed by the names of the corresponding months, though the zodiac itself is not depicted there.[75]

The Aramaic Inscriptions

The Aramaic inscriptions, all of which are dedicatory inscriptions, were inserted in the pattern of circles in the mosaic carpet of the northern aisle. Three of them have been almost completely preserved in the center of the carpet, and parts of two others have survived on its western side. Since this carpet clearly extended along the entire length of the aisle floor, it may be assumed that it originally contained a total of 13 inscriptions. Other inscriptions – almost certainly five of them – were located next to the geometric mosaic carpets that covered the sections of floor between the columns; parts of four of them have been preserved.

Two Aramaic inscriptions appear in the nave carpet, one in the panel depicting the daily offering and the other next to the Shewbread Table. At an earlier stage, the panel of the Shewbread Table contained a Greek inscription, and only later was it replaced by an Aramaic dedicatory inscription, of which only the opening has survived.

The Aramaic inscriptions are very short. They open with the usual formula: "May he/they be remembered for good," followed by the names of the donors, without any mention of their donations. The inscriptions end with the word "Amen," which sometimes appears twice. A typical example reads: "May he be remembered for good, Yudan son of Isaac the *Kohen* and Paregri his daughter, Amen, Amen." Yudan son of Isaac is one of the few people mentioned in the Sepphoris mosaic whose name is accompanied by a title. Paregri, the name of his daughter, was not a common name among Jewish women, but is found in a masculine form as Paregorios, whose Hebrew counterpart would be Menahem.[76] Another inscription reads: "May they be remembered for good, Tanhum son of Yudan and Semqah and Nehorai the sons of Tanhum, Amen." The names of Tanhum's sons do not appear in any other dedicatory inscriptions, though they are known from Talmudic literature. Semqah (Aramaic: "red") was usually a nickname for redheads, in addition to being a personal name in its own right. In the Jerusalem Talmud, for instance, a certain Rabbi Abba Semuqah is mentioned (Berakhot 9:1, 12a); elsewhere he is called Rabbi Abba the Redhead (Hebrew: *admoni*) (Tanhuma Buber, Bereshit, 7).[77] In contrast, the name Admon often appears as a personal name, obviously derived from the Hebrew adjective "red" (*adom*) (Ketubbot 13:3). The name Semqah in this inscription also derives from the word "red," though it is in Aramaic rather than Hebrew. Tanhum's second son was called Nehorai, a name known among the *tannaim*, the rabbis of the Mishnah (Nazir 9:5) as well as the Palestinian *amoraim*, the rabbis of the Talmud (JT, Yevamot, 1:6, 3a).

Another inscription appearing near the aforementioned one refers to a certain Yose son of Yudan. Examination of all the inscriptions from the mosaic shows different levels of family relationship between several donors. Yose and Tanhum may have been brothers, sons of the same Yudan. This conclusion is particularly interesting, since a dedicatory inscription from another synagogue at Sepphoris, which is now in the Crusader church in the west of the city, mentions a certain "Rabbi Yudan son of Tanhum."[78] It is possible that this Yudan was the father of the Tanhum and Yose who gave donations to the synagogue, and that Tanhum was named after his grandfather. If the sequence of generations suggested here is correct, this would give us a four-generation genealogy of a single family that lived in Sepphoris from the second half of the 4th to the 5th century CE.

Aramaic dedicatory inscription, the aisle mosaic
כתובת הקדשה בארמית מרצפת הסטרה הצפונית

The Greek Inscriptions

As described above, all but two of the dedicatory inscriptions in the central mosaic carpet of the nave are in Greek. With the exception of one inscription, which encircles the center of the zodiac (the only known example of an inscription in this location in a zodiac mosaic), all nine inscriptions are at the tops of panels. Unfortunately, only one of them has survived in its entirety; the others are fragmentary, or partially damaged. It is likely that each of the panels was originally crowned with a dedicatory inscription. In comparison to the Aramaic inscriptions, the Greek inscriptions are slightly more varied. The form of the benediction differs in each panel, as does its length. The inscriptions probably recorded the names of the individuals who donated each panel or band. Sometimes the formula is clear: for instance, so-and-so "made all the panel," or "made this panel,"[79] but none of them mentions the sum of money contributed. Some inscriptions give the reason for the donation, for example, for the sake of "the salvation of so-and-so and of his sons." This formula, which is known from other inscriptions found in Israel, is rather vague, and it is difficult to determine whether it refers to the donor's physical salvation or to the salvation of his soul in the world to come.[80] Two of the inscriptions record that the motivating factor for the donation was the fulfillment of a vow that the donors had made. In this case, the inscription records that the donation was given in accordance with the donor's promise.

Greek dedicatory inscription, detail from Band 6
כתובת הקדשה ביוונית, פרט מרצועה 6

Some of the inscriptions begin by noting the donors' names, such as "The sons of Alapheos . . . made the whole panel." Others preface the donors' names with a benediction, which is a translation of the usual formula used in Hebrew and Aramaic: "Be remembered for good." Most of the inscriptions end with the words: "A blessing upon him/them," which is also a translation of the standard Hebrew or Aramaic formula used in synagogues. This was the formula used in the inscription on the panel showing the two servants at the foot of Mount Moriah: "Be remembered for good, Boethos (son) of Aemilius with his children. He made this panel. A blessing upon them. Amen." The word "Amen" in Hebrew letters ends the benediction, as in the Aramaic inscriptions and some of the other Greek ones as well.[81]

Apart from dedicatory inscriptions, Greek was also used for labeling the seasons in the zodiac. This detail is not known from any other depictions of zodiacs. It is difficult to explain why only the names of the seasons were translated into Greek, and not the names of the months, for instance. However, it is clear that this cannot serve as evidence that Greek was more familiar to the local inhabitants than Aramaic or Hebrew.

Summary

The excavation of the early 5th-century synagogue at Sepphoris represents an important contribution to the study of ancient synagogues in Israel. After the chance discovery of the synagogue at Beth Alpha more than 60 years ago and the unearthing of the synagogue at Hammat-Tiberias some 30 years ago, the synagogue at Sepphoris is a welcome addition. This is the first synagogue to have come to light that was an intergral part of the urban plan of one of the most important centers of Jewish settlement during this period. Moreover, the Sepphoris synagogue revealed numerous innovative features, both in realm of architecture and in the sphere of ancient Jewish art.

It is still too early to decide whether the synagogue's location on the city's periphery demonstrates the wide dispersal of the Jewish community in Sepphoris during the Byzantine period or precisely the opposite – the segregation of the community by the non-Jewish population. In any event, the importance of this synagogue (as of that of the synagogue found in the western part of the city) lies in the evidence it provides of the existence of a well-established Jewish community in Sepphoris during the 5th and 6th centuries CE, a period for which the evidence from literary sources is meager.

The synagogue's architecture is not of a particularly high quality, and its plan is rather simple. Nevertheless, it calls into question several of the conclusions reached so far in the study of ancient synagogues. The construction of an elongated nave with a single aisle and the lack of the apse typical of Byzantine synagogues, as well as the direction of prayer that is not oriented toward Jerusalem, are all unusual features, which probably indicate that the basic plan of ancient synagogues was much more varied than hitherto supposed. It seems likely that these features were the result of physical constraints, though the ability and readiness to dispense with some of the supposedly regular elements may have stemmed from the fact that there was actually no fixed plan for synagogues at this period. This theory is supported by the layout of several other synagogues that have been excavated in this region in recent years.

The synagogue's main importance, however, lies in the range of depictions in its mosaic and in their iconographic richness, as well as their narrative and conceptual sequence, which are unparalleled in local synagogues. The Sepphoris mosaic bears a relation to the wall-paintings of the Dura Europos synagogue in Syria beyond that of the arrangement of the panels and the selection of subjects. Both sites yield evidence showing that Jews used to decorate their synagogues with narrative depictions from the Bible. The Sepphoris mosaic, which dates from the early 5th century CE, forms a link between the 3rd-century art of Dura Europos and the late Byzantine and mediaeval illuminated manuscripts. What is more, the scenes of the Sepphoris mosaic may also provide indirect evidence of the existence of illuminated manuscripts of biblical books among the Jews – which may have served as models for the mosaic at Sepphoris.

The selection of the scenes depicted in the mosaic and their arrangement in a layout with three foci were intended to convey a single, clear message: God, who stands at the center of creation, has chosen the Jewish people, and because of his promise to Abraham on Mount Moriah, he will rebuild the Temple in the future and redeem Abraham's descendants. This concept, which also appears in the prayer, commentary, and liturgical poetry (*piyyut*) of the time, was conveyed to the Jewish community of Sepphoris through artistic means, by the mosaic. The message may be seen as an echo of the Jewish-Christian dialogue surrounding the questions of the identity of the Chosen People; the rebuilding of the Temple; and the identity of the Messiah in whose days redemption would come[82] – a dialogue whose echoes also pervade both rabbinic commentary and the epistles of the Church Fathers.[83]

Analysis of the different elements of the mosaic clearly reveals the literary sources employed by the designer of the floor. Besides the biblical texts, the scenes are based on rabbinic literature. The latter not only inspired the design of some of the mosaic's motifs, but also influenced the very selection and location of subjects in the mosaic's layout, creating an entire conceptual composition, the roots of which can be traced to rabbinic sources.

The synagogue discussed in this publication is the jewel in the crown of the Sepphoris excavations, but work at the site is not yet finished. There is still a good chance that additional synagogues will be discovered in this city, which was inhabited by Jews for so many generations. More importantly, it may be possible to uncover an entire chronological sequence of synagogues – from Second Temple times up to the Early Arab period – and thereby fill in the gap of synagogue remains from the late Second Temple period to the 3rd century CE.

Notes

1 Y. Geiger, "The Revolt in the Time of Gallus and the Affair of Building the Temple in the Time of Julianus," in: *The Land of Israel from the Second Temple to the Muslim Conquest* (ed. Z. Baras et al.), Jerusalem 1982, pp. 202–217 (Hebrew); S.P. Brock, "A Letter Attributed to Cyril of Jerusalem on the Rebuilding of the Temple," *Bulletin of the School of Oriental and African Studies* 40 (1977), pp. 267–286.

2 For a summary of the finds from Sepphoris, see: Z. Weiss and E. Netzer, *Sepphoris*, Jerusalem 1994 (Hebrew); Z. Weiss and E. Netzer, "New Evidence for Late Roman and Byzantine Sepphoris," *The Roman and Byzantine Near East: Recent Archaeological Research* (Journal of Roman Archaeology Supplementary Series, 14), Ann Arbor, MI 1995, pp. 162–176.

3 J.F. Strange et al., "Zippori," *Excavations and Surveys in Israel* 13 (1993), pp. 29–30.

4 J. Balty, "La mosaïque antique au Proche Orient," *Aufstieg und Niedergang der Römischen Welt*, 12.2, Berlin 1981, pp. 347–429.

5 A. Oppenheimer, "Beth ha-Midrash – An Institution Apart," *Cathedra* 18 (1981), pp. 45–48 (Hebrew).

6 R.P. Viaud, *Nazareth*, Paris 1910, pp. 179–184.

7 J. Naveh, *On Stone and Mosaic*, Tel Aviv 1978 (hereafter: Naveh, *On Stone and Mosaic*), pp. 51–52 (Hebrew).

8 L. Roth-Gerson, *The Greek Inscriptions from the Synagogues in Eretz Israel*, Jerusalem 1987 (hereafter: Roth-Gerson, *Greek Inscriptions*), pp. 105–110 (Hebrew).

9 For general information on the financing of synagogues in Roman-Byzantine times, see: Z. Safrai, "Financing Synagogue Construction in the Period of the Mishna and Talmud," in: *Synagogues in Antiquity* (ed. A. Oppenheimer et al.), Jerusalem 1987, pp. 77–95 (Hebrew).

10 Naveh, *On Stone and Mosaic*, pp. 57–59.

11 M. Dothan, "The Synagogues at Hammath-Tiberias," *Qadmoniot* 1 (1969), p. 123 (Hebrew).

12 Absolute cardinal points – east and west – will be used in the discussion below, without constant reference to the northward deviation, though this must obviously be taken into consideration.

13 In the ancient synagogue at Hammat-Tiberias (Stratum 2B), the eastern aisle seems to have been used as a sort of narthex, see: Z. Weiss, "The Synagogue at Hammat-Tiberias (Stratum 2)," *Eretz-Israel* 23 (1992), pp. 320–326 (Hebrew). A courtyard or elongated hall at the front of the building was often used for this purpose in other synagogues, see for example: D. Barag, Y. Porat, and E. Netzer, "The Synagogue at En-Gedi," in: *Ancient Synagogues Revealed* (ed. L.I. Levine), Jerusalem 1981 (hereafter Barag et al., "En-Gedi"), pp. 116–119. Another hall often located in front of the entrance to the synagogue's prayer hall is mentioned in the Midrash: "The Holy One, blessed be he, said: If you have gone to pray in the synagogue, do not stand by the outer entrance to pray there, but intend to enter the door within the door" (Devarim Rabba, 7: 1).

14 JT, Berakhot, 4:1, 7d.

15 S. Safrai, "Was There a Women's Gallery in the Ancient Synagogue?" *Tarbiz* 32 (1963), pp. 329–338 (Hebrew). In Z. Safrai's opinion, separation between men and women, and the consequent construction of women's galleries, only began at the end of the ancient era. See Z. Safrai, "Dukhan, Aron and Teva: How was the Ancient Synagogue Furnished?" in: *Ancient Synagogues in Israel*, (ed. R. Hachlili), (BAR International Series, 499), Oxford 1989, pp. 78–79.

16 For the Holy Ark, the *bema*, and the orientation of the synagogue, see: Z. Weiss, "The Location of the *Sheliah Tzibbur* During Prayer," *Cathedra* 55 (1990), pp. 8–21 (Hebrew); L.I. Levine, "From Community Center to 'Lesser Sanctuary': The Furnishings and Interior of the Ancient Synagogue," *Cathedra* 60 (1991), pp. 70–74 (Hebrew); D. Amit, "The Source of the Architectural Plans of the Synagogues in Southern Judea," *Cathedra* 68 (1993), pp. 6–35 (Hebrew).

17 E.L. Sukenik, "The Ancient Synagogue at Yafa Near Nazareth – Preliminary Report," *Louis M. Rabinowitz Fund Bulletin* 2 (1951), pp. 6–24; N. Makhouly and M. Avi-Yonah, "A Sixth Century Synagogue at Isfiya," *The Quarterly of the Department of Antiquities in Palestine* 3 (1934), pp. 118–131; S. Dar, "The Synagogue at Hirbet-Sumaqa on Mt. Carmel," in: *Synagogues in Antiquity* (ed. A. Oppenheimer et al.), Jerusalem 1988, pp. 213–230 (Hebrew).

18 For the plans of synagogues that have been excavated so far throughout Israel, see: G. Foerster, "The Synagogues in Galilee," in: *The Lands of the Galilee*, (ed. A. Shmueli et al.), Haifa 1983, pp. 231–256 (Hebrew); Z. Ilan, *Ancient Synagogues in Israel*, Tel Aviv 1991 (Hebrew); R. Hachlili, *Ancient Jewish Art and Archaeology in the Land of Israel*, Leiden 1988, pp. 141–160.

19 M. Dothan, *Hammath Tiberias*, Jerusalem 1983 (hereafter: Dothan, *Hammath Tiberias*), pp. 33–52; E.L. Sukenik, *The Ancient Synagogue of Beth Alpha*, Jerusalem 1932 (hereafter: Sukenik, *Beth Alpha*), pp. 21–43; L.H. Vincent, "Le sanctuaire juif d'Ain Douq," *Revue Biblique* 28 (1919), pp. 532–563; L.H. Vincent and B. Carrière, "La synagogue de Noarah," *Revue Biblique* 30 (1921), pp. 579–601.

20 C.H. Kraeling, *The Excavations at Dura Europos – The Synagogue* (Final Report, Vol. 8, Part 1), New Haven 1956 (hereafter: Kraeling, *Dura Europos*), pp. 60–70.

21 A hint of this appears in a Geniza fragment of the Jerusalem Talmud, which seems to refer to synagogues: "In the days of Rabbi Yohanan they began drawing (figural representations) on the walls, and he raised no objection ..." (Avoda Zara, 3:3, 42d), and see: J.N. Epstein, "Additional Fragments of the Jerushalmi," *Tarbiz* 3 (1932), p. 20 (Hebrew); J.B. Baumgarten, "Art in the Synagogue, Some Talmudic Views," *Judaism* 19 (1970), pp. 196–206. Lumps of colored plaster found in the ancient synagogues at Hammath-Tiberias and Rehob serve as evidence that these synagogues' walls were decorated with wall-paintings. See: Dothan, *Hammath Tiberias*, p. 22; F. Vitto, "The Synagogue at Rehob," in: *Ancient Synagogues Revealed* (ed. L.I. Levine), Jerusalem 1981, pp. 91–93.

22 Kraeling, for example, suggests northern Mesopotamia or eastern Syria as the possible source for the wall-paintings at Dura Europos. See: Kraeling, *Dura Europos*, pp. 390–392; on the other hand, Gutmann is of the opinion that the synagogue at Palmyra, near Dura Europos, was the source of these paintings. See: J. Gutmann, "The Dura Europos Synagogue Paintings: The State of Research," in: *The Synagogue in Late Antiquity* (ed. L.I. Levine), Philadelphia 1987, pp. 62–65.

23 See: Dothan, *Hammath Tiberias*, pp. 49–50; E.L. Sukenik, *The Ancient Synagogue of El-Hammeh*, Jerusalem 1935, pp. 35–36; M. Avi-Yonah, "The Mosaic Pavement of the Ma'on (Nirim) Synagogue," *Eretz-Israel* 6 (1960), pp. 89–90, Pl. 22/1 (Hebrew); Sukenik, *Beth Alpha*, pp. 32–34.

24 N. Avigad, *Beth-She'arim*, III, Jerusalem 1976 (hereafter: Avigad, *Beth-She'arim*), pp. 99–102 (Hebrew); H. Kohl and C. Watzinger, *Antike Synagogen in Galilaea* 2, Osnabrück 1975, pp. 72–73.

25 Goodenough claims that the lion symbolizes God's power, which protects whatever the lion stands next to. See: E.R. Goodenough, *Jewish Symbols in the Greco-Roman Period*, Princeton 1958 (hereafter: Goodenough, *Jewish Symbols*), Vol. VII, pp. 29–37, 78–86.

26 This depiction is unusual in Jewish art, though the Four Species are also shown in a vessel with a pointed base on gold-glass bases from Rome. See: C.R. Morey, *The Gold-Glass Collection of the Vatican Library*, (ed. G. Ferrari), Vatican City 1959, Vol. 4, p. 27, n. 114.

27 Cf. Dothan, *Hammath Tiberias*, Pl. 28.

28 V. Spinazzola, *Le Arti Decorative in Pompei e nel Museo Nazionale di Napoli*, Milan 1928, pp. 238, 278.

29 C.O. Nordström, "The Temple Miniatures in the Peter Comestor Manuscript at Madrid," in: *No Graven Images* (ed. J. Gutmann), New York 1971, pp. 39–74.

30 See: Y. Magen, "Samaritan Synagogues," *Qadmoniot* 25 (1993) (hereafter: Magen, "Samaritan Synagogues"), pp. 70–72 (Hebrew).

31 A similar decoration on Aaron's garment appears in a wall-painting at Dura Europos, which will be discussed below, though no bells are depicted. See: Kraeling, *Dura Europos*, pp. 127–128.

32 Bells are clearly visible hanging on the hem of Aaron's robe in the depiction of his consecration in the Octateuchs. See: Vatican, Cod. Gr. 746, fol. 242v: D.C. Hesseling, *Miniatures de l'Octateuque grec de Smyrne*, Leiden 1909, p. 63, Figs. 197–198; see also below, note 39.

33 Cf. Exodus 29:39: "the one lamb." Since this panel is linked to the scene from Exodus, as will be discussed below, it is possible that the Hebrew letter *he* in the mosaic was accidentally omitted, or that the craftsman was using another version.

34 Y. Tsafrir, *Eretz Israel from the Destruction of the Second Temple to the Muslim Conquest, Archaeology and Art*, Jerusalem 1985, pp. 366–369 (Hebrew).

35 B. Bayer, "On the Identification of the Wind Instruments in the Mosaic from the Samaritan Synagogue at el-Khirbeh," *Qadmoniot* 26 (1993), pp. 66–67 (Hebrew). A pair of trumpets is also depicted on the Arch of Titus and on coins of Bar Kokhba. See: L. Yarden, *The Spoils of Jerusalem on the Arch of Titus – A Re-Investigation*, Stockholm 1991, pp. 101–106; Y. Meshorer, *Ancient Jewish Coinage*, New York 1982, Vol. 2, pp. 148–149.

36 Kraeling, *Dura Europos*, pp. 125–131.

37 Kraeling, *Dura Europos*, pp. 130–131; K. Weitzmann and H.L. Kessler, *The Frescoes of the Dura Synagogue and Christian Art*, Washington 1990 (hereafter: Weitzmann and Kessler, *Frescoes*), pp. 59–62. Kessler thinks that the source used for the Dura Europos panel depicting the consecration of Aaron (probably an illuminated manuscript) was available to early Byzantine artists and influenced the Octateuchs (see below). From there it was passed on to medieval manuscripts and wall-paintings, which also depicted Aaron's consecration to the service of the Tabernacle. See: H.L. Kessler, "Through the Temple Veil: The Holy Image in Judaism and Christianity," *Kairos* 32–33 (1990–91), pp. 53–77.

38 The manuscripts of this work that have come down to us are from the 9th and 11th centuries CE; E. Revel-Neher, "Some Remarks on the Iconographical Sources of the Christian Topography of Cosmas Indicopleustes," *Kairos* 32–33 (1990–91), pp. 78–96; B. Kuhnel, "Jewish Symbolism of the Temple and the Tabernacle and Christian Symbolism of the Holy Sepulchre and the Heavenly Tabernacle," *Jewish Art* (JJA) 12–13 (1986–87), pp. 147–168, esp. pp. 160–162.

39 L. Brubaker, "The Tabernacle Miniatures of the Byzantine Octateuchs," *Actes du XVe Congrès International d'Etudes Byzantines* (1976), Athens 1981, Vol. 2, pp. 73–92. On the Octateuchs in general, see: J. Lowden, *The Octateuchs*, Pennsylvania 1992.

40 T. Metzger, "Quelques caractères iconographiques et ornamentaux de deux manuscrits hébraïques de Xe siècle," *Cahiers de Civilisation Médiévale, Xe-XIIe Siècles 1* (1958), pp. 205–213; C.O. Nordström, "Some Hebrew Miniatures in the Hebrew Bible," in: *Synthronon, Art et Archéologie de la fin de l'Antiquité et du Moyen Âge* (ed. A. Grabar), Paris 1968, pp. 89–105, Figs. 4, 14.

41 The Shewbread Table appears at Dura Europos in a similar fashion, in front of the Tabernacle and next to the menorah, in the panel depicting the miracle of the water in the desert, see Kraeling, *Dura Europos*, p. 119. The Shewbread Table is probably also depicted in a mosaic from the Samaritan synagogue at el-Khirbeh. There too it is a round table with three legs, though it is not covered with a cloth as at Sepphoris, and bears different vessels. See: Magen, "Samaritan Synagogues," pp. 71–72. This may be based on a particular artistic tradition, which differs from the description in the Bible and Talmudic literature.

42 For the zodiac in Jewish art, see: R. Hachlili, "The Zodiac in Ancient Jewish Art: Representation and Significance," *Bulletin of the American Schools of Oriental Research* 228 (1977), pp. 61–77; G. Foerster, "Representations of the Zodiac in Ancient Synagogues and Their Iconographic Sources," *Eretz-Israel* 18 (1985) (hereafter: Foerster, "Zodiac"), pp. 380–391 (Hebrew).

43 See the discussion of the inscriptions below.

44 Foerster, "Zodiac," p. 382.

45 The synagogue at Hammat-Tiberias (Stratum 2A) was built after the earthquake of 306 CE. See: Dothan, *Hammath Tiberias*, pp. 66–67. Stylistic analysis of its mosaic floor shows that it should be dated to slightly later in the fourth century. See: R. Talgam, "Mosaic Floors in Tiberias," in: *Tiberias From Its Foundation to the Muslim Conquest* (*Idan* 11) (ed. Y. Hirschfeld), Jerusalem 1988, pp. 123–125 (Hebrew).

46 I. Speyart van Woerden, "The Iconography of the Sacrifice of Abraham," *Vigiliae Christianae* 15 (1961), pp. 214–255; J. Gutmann, "The Sacrifice of Isaac: Variation on a Theme in Early Jewish Art and Christian Art," in: *Thiasos ton Mouson* (ed. D. Ahrens), Cologne 1984, pp. 115–122.

47 D.V. Ainalov, *The Hellenistic Origins of Byzantine Art*, New Brunswick 1961, pp. 94–97, Fig. 49.

48 Rabbi Yose son of Zimra's exegesis (BT Sanhedrin 89b) states that Isaac was two years old at the time of the Binding, while the Syriac sources say that he was eight. See: A. Levene (ed.), *The Early Syrian Fathers on Genesis*, London 1951, p. 95. For the Talmudic sources, see: Targum Jonathan ben Uziel to Genesis 22:1, and also Bereshit Rabba, 58:5 , and the notes there (Albeck edition, p. 623).

49 Kraeling, *Dura Europos*, pp. 228–232; Vatican, Cod. Gr. 699, fol. 61v: Cosmas Indicopleustès, *Topographie Chrétienne*, (ed. W. Wolska-Conus) Vol. 2, p. 167.

50 Psautier, Ms. grec 139, fol. 422: H.A. Omont, *Miniatures des plus anciens manuscrits grecs de la Bibliothèque nationale du VIe au XIVe siècles*, Paris 1902, pp. 8–9, Pl. X.

51 O. Demus, *Byzantine Mosaic Decoration*, London 1947, Fig. 41.

52 On the significance of this scene in Christian theology and art, see: L. Thunberg, "Early Christian Interpretations of the Three Angels in Gen. 18," *Studia Patristica* 8 (1966), pp. 560–570; H.M. von Erffa, *Ikonologie der Genesis*, Munich 1995, Vol. II, pp. 91–103.

53 B. Narkis, *The Golden Haggadah – A Fourteenth Century Illuminated Hebrew Manuscript in the British Museum*, London 1970, fol. 3, p. 25.

54 M. Avi-Yonah, *Art in Ancient Palestine*, Jerusalem 1981, pp. 396–397; Dothan, *Hammath Tiberias*, pp. 47–49.

55 Goodenough, *Jewish Symbols*, Vol. VIII, pp. 167–218.

56 Y. Yahalom, "The Zodiac in the Early Piyyut in Eretz Israel," *Jerusalem Studies in Hebrew Literature* 9 (1986), pp. 313–322 (Hebrew).

57 G. Foerster, "The Zodiac in Ancient Synagogues and Its Place in Jewish Thought and Literature," *Eretz-Israel* 19 (1987), pp. 225–234 (Hebrew).

58 C. Letta, "Sol", *Lexicon Iconographicum Mythologiae Classicae (LIMC)*, Vol. IV, 1–2, Zurich and Munich 1986, pp. 592–625.

59 See for instance: M.J. Vermaseren, *Corpus Inscriptionum et Monumentorum Religionis Mithriacae*, The Hague 1956, Vol. 2, pp. 117–118, No. 1292; M. Clauss, *Mithras Kult und Mysterien*, Munich 1990, pp. 153–160.

60 J. Toynbee and J. Ward-Perkins, *The Shrine of St. Peter and the Vatican Excavations*, London 1959, pp. 73–74; R. Milburn, *Early Christian Art and Architecture*, Berkeley and Los Angeles 1988, pp. 38–41.

61 In the mosaic at Hammat-Tiberias as well, the chariot also emerges from the waves of the sea, which fill the lower part of the inner circle, and the moon and a single star can be seen next to Helios, who is in the center, see: Dothan, *Hammath Tiberias*, p. 40, Pl. 29:1.

62 For the Jewish use of symbols and their significance, see: E.J. Bickerman, "Symbolism in the Dura Synagogue: A Review Article," *Harvard Theological Review* 58 (1965), pp. 127–151.

63 E.E. Urbach, "The Rabbinical Laws of Idolatry in the Second and Third Centuries in the Light of the Archaeological and Historical Facts," *Israel Exploration Journal* 9 (1959), I, pp. 149–165, II, pp. 229–245; Avigad, *Beth-She'arim*, pp. 201–208.

64 J.C. Sloane, "The Torah Shrine in the Ashburnham Pentateuch," *Jewish Quarterly Review* 25 (1934), pp. 1–12; Dothan, *Hammath Tiberias*, pp. 33–39.

65 E. Revel-Neher, "L'Alliance et la Promesse: le symbolisme d'Eretz Israël dans l'iconographie juive du moyen âge," *JJA* 12–13 (1986–87), pp. 135–146.

66 Roth distinguishes between the various depictions of facades: In examples where the ark is open and the Torah scrolls inside are visible, as on the gold-glass base or at Beth-She'arim, the object must be a Holy Ark, but where the doors are closed, the motif should be interpreted as representing the Temple. See: S. Roth, "Jewish Antecedents of Christian Art," *Journal of the Warburg and Courtauld Institutes* 16 (1953), pp. 24–44.

67 See for instance: Z. Yeivin, "Khirbet Susiya – The *Bema* and Synagogue Ornamentation" in: *Ancient Synagogues in Israel* (ed. R. Hachlili), (BAR International Series, 499), Oxford 1989, pp. 93–98; D. Amit, "A Marble Menorah from an Ancient Synagogue at Tel Ma'on" *Tenth World Congress of Jewish Studies*, B: 1, Jerusalem 1990, pp. 53–60 (Hebrew); E.M. Meyers, "The Ark of Nabratein," *Qadmoniot* 15 (1982), pp. 77–81 (Hebrew); C.L. Meyers and E.M. Meyers, "The Ark in Art: A Ceramic Rendering of the Torah Shrine from Nabratein," *Eretz-Israel* 16 (1982), pp. 176*–185*.

68 See for example the Neophytic Targum to Genesis 22:2 in A.D. Macho, *Neophyti: 1, Genesis*, Madrid-Barcelona 1968, p. 125; Bereshit Rabba 56:2. For the Binding of Isaac in various places, see: G. Verms, *Scripture and Tradition in Judaism*, Leiden 1961, pp. 193–227.

69 Y. Yahalom, "The Temple and the City in Hebrew Liturgical Poetry," *The History of Jerusalem – The Early Islamic Period*, (638–1099) (ed. J. Prawer), Jerusalem 1987, pp. 215–223 (Hebrew).

70 I. Elbogen, *Jewish Liturgy: A Comprehensive History*, Tel Aviv 1972, pp. 33–34 (Hebrew). Kimelman believes that redemption is the central motif that unites all the benedictions of the Amida prayer; see: R. Kimelman, "The Daily Amidah and the Rhetoric of Redemption," *Jewish Quarterly Review* 79 (1980), pp. 165–197, esp. 180–182.

71 Sukenik, *Beth-Alpha*, pp. 22–34, 40–42.

72 Kraeling, *Dura Europos*, pp. 54–62.

73 Weitzmann and Kessler, *Frescoes*, p. 174.

74 The substitution of the letter *samekh* for the letter *sin* in the Hebrew word
for lamb (*keves*) is also found in Hebrew and Aramaic inscriptions, see:
Naveh, *On Mosaic and Stone*, p. 15.

75 Barag et al., "En-Gedi," p. 118; B. Mazar, "The Inscription on the Floor of the
Synagogue in En-Gedi," *Tarbiz* 40 (1971), pp. 18–23 (Hebrew). The
identification of the zodiac sign with the month also appears in an Aramaic
text from Qumran. See: J.T. Milik, *The Book of Enoch*, Oxford 1976, p. 187. It is
also found in liturgical poems, see: E. Fleischer, "Clarifications in the Problem of
the Liturgical Function of the Piyyutim in Honour of the New Moon," *Tarbiz* 42
(1973), pp. 337–363 (Hebrew).

76 B. Mazar, *Beth-She'arim*, I, Jerusalem 1958, p. 137 (Hebrew); W. Horbury
and D. Noy, *Jewish Inscriptions of Greco-Roman Egypt*, Cambridge 1992,
No. 143.

77 Rabbi Tayph Semuqah, a Palestinian sage of the 4th century CE, was given
his name for the same reason: see JT, Demai, 3:4, 23c.

78 See above, p. 11, and also Naveh, *On Mosaic and Stone*, pp. 51–52. It should
be borne in mind that the Aramaic dedicatory inscriptions from these
two synagogues are identical palaeographically, which may strengthen the
link between the two.

79 This formula is also common in Aramaic inscriptions, for instance at Kafr
Kanna (Cana) and Horvat Ammudim. See: Naveh, *On Mosaic and Stone*,
pp. 52–53; L.I. Levine, "Excavations at the Synagogue of Horvat Ammudim,"
Israel Exploration Journal 32 (1982), pp. 8–9.

80 Roth-Gerson, *Greek Inscriptions*, p. 150.

81 Dothan, *Hammath Tiberias*, pp. 54, 61–62; Roth-Gerson, *Greek Inscriptions*,
pp. 159–160.

82 See H. Kessler's view, in: Weizmann and Kessler, *Frescoes*, pp. 178–183.

83 In the third century CE, Origen argued against Judaism by using rabbinical
exegesis to prove the superiority of the Church. See: E.E. Urbach, "Rabbinical
Exegesis and Origenes' Commentaries on the Song of Songs and the
Jewish-Christian Polemics," *Tarbiz* 30 (1960), pp. 148–170 (Hebrew);
idem, "The Repentance of the People of Nineveh and the Discussions between
Jews and Christian," *Jubilee Volume Presented to J.N. Epstein*, (*Tarbiz* 20)
(ed. S. Assaf et al.), Jerusalem 1950, pp. 118–122 (Hebrew). This phenomenon
is also known from the epistles of other Church Fathers, such as Jerome and
Ephrem the Syrian. See: M. Hirshman, *Mikra and Midrash: A Comparison of
Rabbinics and Patristics*, Tel Aviv 1992, pp. 74–92 (Hebrew).

הבטחה וגאולה

פסיפס בית-הכנסת מציפורי

זאב וייס • אהוד נצר

מוזיאון ישראל, ירושלים

התערוכה באדיבות אריקה יסלזון, ניו-יורק, ומיכאל ויהודית שטיינהרדט, ניו-יורק

פרסום זה מלווה את התערוכה
הבטחה וגאולה: פסיפס בית-הכנסת מציפורי

אוהל מרין, רחבת אידה קראון
סיוון תשנ"ו

האוצרים: יעל ישראלי ודוד מבורך

עיצוב התערורה: אלישבע ירחי

עיצוב הקטלוג: תרצה ברי
עריכה: אפרת כרמון
תצלומים: גבי לרון, המכון לארכיאולוגיה,
האוניברסיטה העברית, ירושלים;
אברהם חי (עברית, עמ' 28, 33, 40; אנגלית, עמ' 27, 39),
באדיבות רשות העתיקות; אורן גוטפלד (עברית, עמ' 9)
ציורים: פנינה ארד, ירושלים
עימוד ממוחשב: יעל גולן, מאשה פוזינה
הפרדת צבעים ולוחות: ח. ש. חלפי בע"מ, תל-אביב
נדפס ונכרך בדפוס המקור בע"מ, ירושלים

על העטיפה: פרט מתיאור עקדת יצחק

קטלוג מס' 378
מסת"ב: 3 184 278 965

תוכן העניינים

ספר זה מוקדש לאריקה יסלזון

הקדמה

ספר זה מלווה תערוכה המציגה לקהל תגלית מרעישה — שטיח פסיפס מרצפת בית־כנסת שאך זה נחשף בציפורי. זהו ממצא יחיד במינו, השופך אור חדש על אמנות בתי־הכנסת העתיקים ועל האיקונוגרפיה היהודית. התמונות ברצפת הפסיפס, מהן חדשות ומהן שהיו מוכרות מבתי־כנסת עתיקים אך משמעותן לא היתה ברורה, נועדו לא לקישוט בלבד אלא כדי להעביר מסר. ייחודו של הפסיפס במערך האיקונוגרפי השלם שלו, המבטא את רעיון ההבטחה והגאולה — מוטיב מרכזי בהוויה היהודית שלאחר חורבן בית המקדש, שמצא את ביטויו גם בתפילה ובמדרש. בספר שלפנינו מוצג לראשונה הביטוי האמנותי של הרעיון בשלמותו, והוא מהווה בכך כעין מקרא מפורש לפסיפסי בתי־הכנסת העתיקים, לרבות תמונות הידועות כבר מן העבר.

אין מקום יאה להצגת רצפה מרהיבה זו מן המוזיאון, הכונס את נכסי האמנות היהודית לתקופותיה. בתי־כנסת מרחבי העולם מצאו את משכנם במוזיאון ויחד הם מציירים את תולדות האמנות הדתית וממחישים את הקשר של העבר ושל התפוצות אלינו כאן ועכשיו. חוליה מקשרת נוספת בין ממצאי ציפורי והמוזיאון היא משפחת יסלזון, התורמת ברוחב לב לחפירות בציפורי ולמחלקה לאמנות יהודית ע״ש סקירבול במוזיאון, ואף להצגת הפסיפס סייעה ביד נדיבה, כמו גם מיכאל ויהודית שטיינהרדט.

תגליות ציפורי הן דוגמה מצוינת לשיתוף הפעולה הנמשך בין המוזיאון למשלחות החפירות הארכיאולוגיות. הממצאים שנחשפים בחפירות, בהגיעם למוזיאון עוברים במעבדותיו תיקון ושימור, כדי להתקינם לתצוגה לקהל הרחב בארץ ובעולם. אחרי התערוכה תחזור רצפת בית־הכנסת לאתרה, כמו רצפת בית המידות הרומי שהוצגה כאן לפני שנים אחדות.

תודותינו לחופרים שהעמידו לרשותנו את ממצאיהם ולכל הרבים שלקחו חלק בהוצאת ספר זה ובהעמדת התערוכה.

מרטין וייל
מנכ״ל ע״ש אן וג׳רום פישר

פתח דבר

בקיץ 1993 נחשף בציפורי בית־כנסת עתיק שנשתמר כמעט בשלמותו. בית־הכנסת, על רצפת הפסיפס המפוארת שלו, נתגלה באקראי בצפונה של העיר העתיקה, תוך כדי עבודות הפיתוח לקראת פתיחת האתר כגן לאומי. שורת אבני פסיפס לבנבנות, שבצבצה בשולי בור קטן שחשף דחפור שעבד במקום, עדיין לא רמזה על גודל התגלית שעתידה היתה להתגלות כאן. רמז ראשון לגילוי הצפוי היתה כתובת הקדשה בארמית, שנחשפה כבר בשבוע השני לחפירה ועוררה התרגשות מרובה. ואכן, עם גילויו של גלגל־המזלות כעבור ימים אחדים, ברור היה כי מדובר בבית־כנסת שנוסף לקבוצה הנכבדת של בתי־כנסת עתיקים, ההולכים ומתגלים ברחבי ארץ־ישראל.

בבדיקות שנערכו מתחת לרצפת הבניין, לאחר שזו הועתקה ממקומה, התברר כי לבית־הכנסת עצמו לא היו שלבים קודמים. הממצאים שנתגלו מתחת ליסודות המבנה, ובמיוחד המטבעות שנמצאו בתשתית רצפת הפסיפס, מורים כי בית־הכנסת הוקם בראשית המאה החמישית לספירה בקירוב. זמנו של בית־הכנסת חשוב ביותר, שכן בבניין וברצפתו יש משום תרומה גדולה להכרת האדריכלות של בתי־הכנסת ואמנות הפסיפס בארץ בתקופה שלגביה המידע על בתי־כנסת מועט ביותר.

מחקר בית־הכנסת עומד בעיצומו, אולם לאור חשיבותה של התגלית החלטנו שלא לעכב את הצגת הממצאים לפני הקהל עד הפרסום המדעי המלא של הבניין והפסיפס. מחקר זה הוא אפוא בבחינת פרסום ראשוני, המציג את מסקנותיהם הראשונות של החופרים. הפרסום המדעי יכלול תיאור מפורט של בית־הכנסת, תיעוד רצפת הפסיפס ודיון במרכיביו השונים, על המסקנות הנובעות מממצא חשוב זה.

מטרתנו שספר זה יצא לאור ואפשר יהיה להעמידו בהקדם האפשרי לרשות הקהל הרחב, חוקרים וחובבי האמנות היהודית כאחד.

הפרסום מבוסס על מחקר רחב יותר של בית־הכנסת, המשותף לשני המחברים. המחקר נערך בזמן שהותו של זאב וייס כעמית מחקר במרכז ללימודי יהדות באוניברסיטת הרווארד שבארצות־הברית. עבודת המחקר של זאב וייס התאפשרה הודות לנדיבותן של קרן פולברייט לחינוך, ארצות־הברית־ישראל, וקרן הרולד פרלמן שבאוניברסיטת הרווארד. תודתו נתונה להן על שאפשרו לו להקדיש את זמנו למחקר בית־כנסת זה.

חשיפת בית־הכנסת נעשתה מטעם משרד התיירות ורשות הגנים הלאומיים בשיתוף הקרן לפיתוח קדמת הגליל. החפירות נוהלו בידי המחברים מטעם המכון לארכיאולוגיה שבאוניברסיטה העברית. מנהלי השטחים היו שירלי אלטשולר (קיץ 1993) ודניאלה דרקסלר (קיץ 1994). אורן גוטפלד סייע רבות בשתי עונות חפירה אלו. התכניות נמדדו בידי אהוד נצר וזויה טבת ושורטטו בידי מאשה קפלן. התצלומים מעשה ידי גבי לרון.

בחפירות השתתפו עובדים מנצרת עילית (רובם עולים חדשים מארצות חבר העמים) ומתנדבים מארצות־הברית. תודת המחברים לרינה טלגם שסייעה בלימוד רצפת הפסיפס, ללאה דיסגני המסייעת בפרסום הכתובות היווניות ולאלישבע רבל-נהר שעברה על כתב־היד, לביני שלו ולקרן לפיתוח קדמת הגליל שסייעו במימוש החפירה ולמשפחת יסלזון מניו־יורק על תמיכתה הנמשכת בפרוייקט ציפורי. כן מודים המחברים לדודו שנהב, לרות יקותיאל ולצוותם על הוצאת הרצפה ממקומה ושימורה וליעל ישראלי, דודי מבורך ושאר אנשי מוזיאון ישראל, על מאמציהם הבלתי נלאים לשם הצגת הפסיפס במוזיאון ישראל והוצאתו לאור של פרסום זה.

זאב וייס ואהוד נצר
המכון לארכיאולוגיה
האוניברסיטה העברית, ירושלים

▷ חפירות ציפורי, מראה מן האוויר
מיקום בית־הכנסת מסומן במסגרת אדומה.
Excavations at Sepphoris, aerial view.
The location of the synagogue is marked.

ציפורי בירת הגליל

הרקע ההיסטורי

"ולמה נקרא שמה ציפורי? שיושבת בראש ההר כצפור" (מגילה ו ע"א). ואכן, העיר שהיתה במשך פרקי זמן ארוכים בירת הגליל, נבנתה לראשונה על גבעה שגובהה 285 מ' מעל לפני הים. ציפורי שוכנת במחצית הדרך בין הים התיכון וים כנרת, מדרום לבקעת בית נטופה, סמוך למפגש בין שתי דרכים חשובות — דרך הים (וייה מאריס) והדרך שקשרה את בקעת הירדן וטבריה עם נמל עכו והים. מיקומה הגיאוגרפי המרכזי, והסביבה הפורייה, הברוכה בגשמים ובמי מעיינות, סייעו בוודאי לשגשוגה של העיר.

במקורות הספרותיים נזכרת ציפורי לראשונה בראשית המאה הראשונה לפני הספירה, בימי אלכסנדר ינאי (יוספוס פלאוויוס, קדמוניות יג, 338), אולם שרידים שנתגלו באתר מעידים על קיומו של יישוב במקום כבר 600 שנה קודם לכן (תקופת הברזל II). מן המקורות היהודיים ניתן ללמוד שבמשך כל התקופה הרומית והביזנטית היתה העיר בעלת רוב יהודי. כבר בימי בית חשמונאי שימשה ככל הנראה מרכז מינהלי של הגליל, ועם חלוקת הארץ למחוזות בראשית התקופה הרומית היא נקבעה לבירת הגליל. הורדוס כבש את העיר בשנת 37 לפני הספירה ולאחר מותו, בשנת 4 לפני הספירה, פרצו בה מהומות (הידועות גם בשם "פולמוס וארוס"). המרד דוכא בידי הרומאים ורבים מתושבי העיר נמכרו לעבדים. ציפורי נפלה בנחלתו של הורדוס אנטיפס. הוא ביצר אותה וקרא לה בשם אבטוקרטוריס, וישב בה עד שיסד את טבריה בשנת 20 לספירה וקבע בה את בירתו.

בימי המרד הגדול ברומאים (70-66 לספירה) סירבו תושבי ציפורי להצטרף אל המורדים ופתחו את שערי עירם לאספסיאנוס (מלחמת היהודים ב, 34-30), ואכן, במטבעות שנטבעו בציפורי לכבוד אספסיאנוס מכונה העיר בשם "אירנופוליס", כלומר עיר השלום. איננו יודעים כיצד נהגו תושבי העיר בימי מרד יהודי התפוצות ("פולמוס של קיטוס"; 117-115 לספירה), ואף לא בימי מרד בר כוכבא (135-132 לספירה), עם זה דומה כי בעקבות אירועים אלו הודחה המועצה העירונית היהודית של ציפורי ובמקומה נתמנתה הנהלה נכרית. ייתכן כי באותו זמן גם הוחלף שמה של העיר לדיוקיסריה (עירם של זאוס והקיסר). ובכל זאת, חלק מהפליטים הרבים שברחו לאחר מרד בר כוכבא מאזור יהודה אל הגליל התיישב בוודאי בציפורי.

כאשר בראשית המאה השלישית לספירה קבע ר' יהודה הנשיא את מושבו בציפורי ועמו עברו מוסדות ההנהגה היהודית, חזר השלטון בעיר לידי מועצה יהודית והעיר זכתה לפריחה אורבנית, כלכלית ותרבותית.

בתקופה זו בערך התחדשה גם טביעת מטבעות יהודיים בעיר (בכתובת על המטבעות הללו נזכרת "ברית אחווה ועזרה הדדית בין המועצה הקדושה ובין הסנט של העם הרומאי"). שבע־עשרה שנה חי ר' יהודה הנשיא בציפורי וכאן השלים את מפעל עריכת המשנה.

ציפורי שימשה בירת הגליל עד לקראת סופה של המאה השלישית לספירה, כאשר הסנהדרין ובית הנשיא עקרו לטבריה. אולם גם לאחר זאת התקיימו בעיר חיים יהודיים תוססים והמשיך לפעול בה בית־מדרש חשוב. המקורות התלמודיים מעידים שבמשך כל תקופת המשנה והתלמוד (מן המאה השנייה ועד שלהי המאה הרביעית לספירה) היתה העיר מרכז לימוד תורה וישבו בה חכמים רבים. הידועים בהם הם ר' חלפתא ור' יוסי בנו, ר' אלעזר בן עזריה, ר' יוחנן, ריש לקיש, ואף ר' יוסי בן ר' בון, מאחרוני האמוראים בארץ־ישראל. ישיבתם של חכמים בציפורי הביאה, מן הסתם, לגידול במספר בתי־הכנסת ובתי־המדרש בעיר.

בשנת 351 לספירה פרץ בציפורי מרד הידוע בכינוי "מרד גאלוס". ההיסטוריון הרומי אורליוס ויקטור מספר על המרד ועל דיכויו, ומציין שבראשו עמד יהודי בשם פטרקיוס. עם זה, אין הוא מזכיר כלל את העובדה שהעיר נהרסה. המקורות הנוצריים,

המאוחרים בהרבה, מספרים לעומת זאת שציפורי נשרפה ונחרבה כולה במהלך דיכוי המרד. על־פי הממצא הארכיאולוגי דומה כי תיאור זה מוגזם ביותר. גאלוס אמנם דיכא את המרד, אך החפירות לא העלו עד היום שום עדות לכך שהעיר נהרסה.

ברעידת האדמה של שנת 363, שבה נפגעו רבות מערי ארץ־ישראל, נפגעה כנראה גם ציפורי,[1] אך במהרה שוקמה מהריסותיה ולקראת סוף המאה הרביעית לספירה שבה להיות עיר גדולה, מפוארת ומשגשגת כשהיתה. בתקופה הביזנטית שמרה הקהילה היהודית על רוב יחסי בעיר. אלא שעתה נוסף לאוכלוסייתה מרכיב חדש: למן המאה החמישית לספירה הלכו ורבו הנוצרים בציפורי, וברחבי העיר הוקמו כמה כנסיות. בראש הקהילה הנוצרית עמד אפיסקופוס, והוא היה פעיל בתחומים שונים של חיי העיר לבד מן התחום הדתי.

ציפורי המשיכה להתקיים כעיר מרכזית בגליל עד שלהי התקופה הביזנטית. אין לדעת מתי בדיוק החלה הירידה במספר תושביה ומתי נהרסו המבנים שהיו בה. דומה כי במהלך התקופה הערבית הקדומה הידלדלה העיר מאוד והמבנים הקדומים שבה נהרסו ברובם. דמותה של העיר בתקופה הערבית, כמו גם גורלו של היישוב היהודי בה, אינם נהירים כלל.

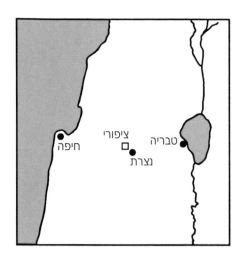

הממצא הארכיאולוגי

דומה כי העיר הקדומה, משלהי ימי הבית השני, החלה את התפתחותה על הגבעה של ציפורי ומכאן הלכה והתפרשה על המדרונות. במחצית הראשונה של המאה השנייה לספירה חל שינוי דרמטי במערך העירוני של ציפורי,[2] שהתפתח עתה אל מעבר לגבעה ומורדותיה ואל המישור שממזרח. הבנייה החדשה כללה מערכת מתוכננת ומסודרת של רחובות שתי וערב, שבמרכזה ה"קרדו" וה"דקומנוס", הם רחובות העמודים המצטלבים, המאפיינים את הערים הרומיות בנות התקופה במזרח. אזור חדש זה של העיר הגדלה שימש מעתה ואילך מרכזה המסחרי ואולי גם החברתי של העיר. בגושי הבנייה החדשים נחשפו מבני ציבור אחדים, וביניהם האגורה או הפורום,[3] שני בתי מרחץ שמצדי הקרדו ועוד כמה בניינים גדולי מידות. בין בתי המגורים באזור זה יש לציין במיוחד שניים עם רצפות פסיפס. בבניין אחד מורכב העיטור מדגמים גיאומטריים, ואילו בשני מתארת הרצפה הצבעונית את אורפיאוס הנגן האלוהי מוקף בחיות וכן תמונות שונות מחיי היומיום. אחדים מפסיפסים אלו ואחרים, כמו גם כמה מהמבנים, שוחזרו וניתן לראותם באתרם בגן הלאומי של ציפורי.

הבנייה הרומית לא הצטמצמה רק לשטח שממזרח לגבעה אלא אותותיה ניכרים על פני כל הגבעה. על מדרונה הצפוני הוקם תיאטרון, ומדרום לו נבנה בראשית המאה השלישית בית מגורים גדול שעוטר ברוב פאר. בטרקלין הבית נחשפה רצפת פסיפס מרהיבה ביופיה ובה, בין השאר, תיאורים המוקדשים לדיוניסוס ולפולחנו. שתי דמויות נשים שולבו ברצועת המדליונים המקיפה את השטח המרכזי. אחת מהן, יפה במיוחד, זכתה לכינוי "מונה ליזה של הגליל".

ציפורי הרומית, שנפגעה כאמור ברעש האדמה של שנת 363 לספירה, זכתה בתקופה הביזנטית לתנופת בנייה מחודשת ושטחה גדל. מערכת הרחובות הרומית המשיכה להתקיים, ואל המבנים הקדומים, שנהרסו בחלקם, נוספו מבנים חדשים בכל

ה"קרדו", רחוב העמודים הראשי
The *cardo,* the main colonnaded street

אמזונה (לוחמת מיתולוגית)
פרט מפסיפסי "בית הנילוס"
Amazon (mythological female warrior), detail from a mosaic in the "House of the Nile Festival"

הנילומטר בפסיפס "בית הנילוס"
The Nilometer in the Nile Festival mosaic

חלקי העיר. כמה מהם הוקמו על שרידים מן התקופה הרומית ואחרים באזורים שלא היו מיושבים קודם לכן. מבין אלה יש להזכיר במיוחד את "בית הנילוס" שממזרח לקרדו, אשר רצפותיו עוטרו בפסיפסים מרהיבי עין בדגמים גיאומטריים ופיגורטיביים מגוונים. לפי העדויות הארכיאולוגיות וכתובות ההקדשה ששולבו ברצפות הסטוים של רחובות העמודים, ניתן ללמוד שבמהלך התקופה נערכו שינויים משמעותיים במרכז העירוני, ליד הצטלבות הקרדו והדקומנוס, וביניהם כנראה הקמת שתי כנסיות. בתקופה זו בערך הוקם גם בית־הכנסת שלו מוקדש פרסום זה.

תמונת ציפורי ההולכת ונחשפת לעינינו בשנים האחרונות מעוררת תמיהות באשר לאופייה התרבותי של העיר ולהרכב אוכלוסייתה. שרידי מבנים יהודיים שונים, כגון מקוואות טהרה, כתובות בארמית וביוונית, חרותות מנורות על גבי כלים ובמיוחד שרידיו המרשימים של בית־הכנסת שנחשף בצפונה של ציפורי מורים כי לפנינו עיר יהודית. ממצא זה עולה בקנה אחד עם ידיעותינו מן המקורות, כי במרבית התקופה שימשה ציפורי מרכז שלטוני, דתי ותרבותי ליישוב היהודי בארץ־ישראל ובתפוצות. כנגד זאת עיקר הממצא הארכיאולוגי מבטא את ההלניזם הרומי במיטבו, ולכאורה מצביע על אופיה הפגאני של העיר.

מבט כולל על ציפורי בתקופה הרומית והביזנטית מורה כי נופה הארכיטקטוני של העיר היהודית לא היה שונה בהרבה מזה של שאר הערים הפגאניות בארץ־ישראל. עם התקדמות החפירות הולכת ומתגלה תמונה מאלפת בכל הקשור ליחס בין הבנייה הפרטית והציבורית בעיר הרומית והביזנטית כאחד. אין להצביע כאן על חלוקה מובהקת ונוקשה לשכונות או לאזורי מגורים על פי מעמד כלכלי, חברתי או אפילו דתי. בתי מגורים גדולים ומפוארים נבנו לא הרחק מבתים פשוטים למראה, תופעה שלמעשה איננה מוכרת בעריה האחרות של ארץ־ישראל.

עושר הפסיפסים שנתגלו בציפורי והמגוון הרב שלהם מעמידים את העיר בשורה אחת עם חשובי האתרים במזרח הרומי והביזנטי.[4]

עד היום נחשפו בציפורי למעלה מארבעים רצפות פסיפס ובהן דמויות ותמונות מורכבות וכן דגמים גיאומטריים שונים, חלקם באיכות גבוהה ביותר. פסיפסים אלה מהווים רצף מן המאה השלישית ועד המאה החמישית לספירה, והם משקפים את התפתחות הסגנון במשך תקופה ארוכה. אך חשיבותם הרבה נעוצה לא רק במספרם ובעושרם האיקונוגרפי והסגנוני, אלא בכך שהם נמצאו בעיר המיושבת ברובה יהודים. פסיפסים אלו, החושפים פן בלתי־ידוע של החברה היהודית העירונית בגליל, מקנים לנו ממד חדש לבחינת יחסה של החברה היהודית אל התרבות ההלניסטית שבתוכה חיה.

מידת החדירה של התרבות ההלניסטית לחברה היהודית והשפעתה עליה היא שאלה נכבדה המעסיקה חוקרים רבים. אם ממצאי בית־שערים פתחו לנו פתח להבנת עולם רב־גוני זה, הרי שחפירות ציפורי מעמידות לנו תמונה רחבה ורבת פרטים אף יותר על אופיו של ההלניזם באחד ממרכזי היישוב היהודי, מקום שבו נתהוותה בחלקה יצירת חז"ל בתקופה של שקיעת הפגאניזם ועליית הנצרות.

בתי־הכנסת ובתי־המדרש של ציפורי

יש להניח שבציפורי היו בתי־כנסת רבים, כיאה לעיר שתושביה רובם יהודים. הם היו פזורים בוודאי על פני העיר כולה כמו מבני פולחן אחרים, כמקובל בערי ארץ־ישראל הרומית והביזנטית. בהיות ציפורי עירו של רבי יהודה הנשיא ומושב הסנהדרין, אין להתפלא על המסופר בתלמוד (ירושלמי כלאיים ט ד, לב ע"ב), שהיו בה בעת פטירתו שמונה־עשר בתי־כנסת. אחדים מהם נזכרים במקורותינו אפילו בשמותיהם, כגון: "כנישתא רבתה דציפורין" (פסיקתא דרב כהנא, יח ה); "כנישתא דגופנה", בית־כנסת שהוקם בידי פליטי יהודה שהגיעו לציפורי אחרי מלחמת החורבן או מרד בר כוכבא ונקרא על שם עיר מוצאם (ירושלמי ברכות ג א, ו ע"א); ו"כנישתא דבבלאי", ששימש את בני הגולה שהתיישבו בעיר (בראשית רבה, נב ב). ייתכן כי גם לבני קפדוקיה היה בציפורי בית־כנסת משלהם, שנקרא על שמם (ירושלמי שביעית ט ה, לט ע"א).

לצידם של בתי־הכנסת פעלו בציפורי גם בתי־מדרש — מבנים ששימשו מקום לימוד וכינוס לחכמים ולתלמידיהם, ולעתים גם בתי־תפילה לכל דבר.[5] גם כמה מבתי־המדרש שהיו בציפורי נזכרים במקורות, בשמם או בשם החכמים שהורו או דרשו בהם (ירושלמי פאה ז ד, כ ע"ב). ר' חנינה בנה בציפורי בית־מדרש (ירושלמי פאה ז ד, כ ע"ב), ולבית־מדרשו של ר' בניה נהרו רבים מתושבי ציפורי לשמוע את דרשתו של ר' יוחנן שביקר בעיר (ירושלמי בבא מציעא ב יג, ח ע"ד). יש שנזכרות בספרות התלמודית הלכות שנאמרו בידי חכמים יושבי ציפורי, לעתים בזיקה ישירה אל בתי־הכנסת שבעיר. האזכורים הרבים הללו הם בבחינת עדות ישירה לחיי הדת והרוח התוססים בציפורי במשך התקופה כולה.

קטע פסיפס מבית־כנסת במערב העיר שנחפר בראשית המאה
Mosaic fragment from a synagogue excavated at the beginning of the century

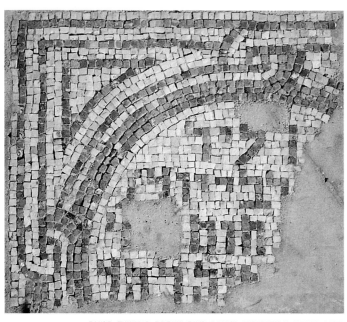

שרידי בית־כנסת מן התקופה הביזנטית נתגלו בציפורי כבר בראשית המאה — בשוליה המערביים של הגבעה (מצפון לכנסייה הצלבנית על־שם יהויכין וחנה, הורי מרים אם ישו אשר לפי המסורת הנוצרית התגוררו בציפורי). בית־כנסת זה נחפר רק בחלקו ותכניתו אינה ידועה.[6] רצפתו עשויה פסיפס בדגם תשליב גיאומטרי פשוט. באחד המדליונים שבה כתובת ארמית בזו הלשון: "דכיר [לטב] רבי יודן [בר תנ]חום [ב]ר [ד] יהב חד . . ." (זכור לטוב רבי יודן בן תנחום בן . . . שנתן [דינר] אחד).[7] הכתובת מוצגת כיום בין שרידי הכנסייה הצלבנית. כתובת נוספת שנחקקה על גבי משקוף אבן, השייכת ככל הנראה לאותו בית־כנסת, נמצאה בסמוך. כתובת זו היא ביוונית וזה תרגומה: "[בימי כהונתו של] הלאסיוס הסכולסטיקוס והקומס המהולל בן אאיטיוס הקומס [בימי] יהודה הארכיסינגוגוס של צידון . . . סווריאנוס אפרוס הארכיסינגוגוס המהולל של צור".[8] מנוסח הכתובת קשה לקבוע מהי התרומה שניתנה לבית־הכנסת, אולם יש בה עדות על התיישבותם של אנשי צור וצידון בציפורי, ואולי הם אף הקימו לעצמם בה בית־כנסת, כשם שנהגו בני תפוצות אחרות שהתיישבו בעיר, כאמור לעיל.

שברי פסיפס צבעוני עם כמה אותיות וקטעי מילים בשפה הארמית נמצאו שלא באתרם בצדה המערבי של הגבעה. בין השברים ניתן לזהות את המילה "בר", הדומה מבחינה פליאוגראפית לכתובת שהוזכרה קודם. שברים אלו נעקרו מן הסתם מרצפת בית־כנסת שהיה בסביבה, אך עד כה לא נמצא כל רמז למקומו של בניין זה.

יש עדויות לכך שעשירי ציפורי תרמו לבתי־כנסת לא רק בעירם אלא גם מחוצה לה.[9] בכתובת שנתגלתה בבית־הכנסת בחמת־גדר נאמר שסיסיפוס איש ציפורי תרם "תלת (שלושה) גרמין" שהם שלושה רבעי דינר זהב.[10] כן תרם ככל הנראה אחד מתושבי ציפורי לבית־הכנסת המאוחר בחמת טבריה פך שמן, כפי שמשתמע מכתובת ארמית שנתגלתה שם על גבי כלי חרס.[11]

בית־הכנסת

בית־הכנסת מצוי בצפונה של העיר, לא רחוק מהדרך העתיקה שהוליכה בוודאי לדרך עכו־טבריה. הוא בנוי על ציר מזרח־מערב עם סטייה קלה כלפי צפון בהתאם לטופוגרפיה ולתוואי מערך הרחובות שלצדו הוקם.[12] בית־הכנסת עומד בפינת סמטה צרה ורחוב המקביל ממערב לרחוב העמודים הראשי של העיר. הכניסה אל הבניין היתה מצד הסמטה, סמוך לפינה. לפני בניית בית־הכנסת עמדו במקום זה מבני מגורים מן התקופה הרומית, שפורקו ככל הנראה לשם הקמתו.

תכנית בית־הכנסת

הבניין, שנחשף כאמור בשלמותו, הוא ארוך וצר. אורכו 20.7 מ' ורוחבו 8 מ'. קירותיו, אשר אבניהם נשדדו ברובן עד מפלס הרצפה, היו בנויים אבני גזית מהוקצעות. תכנית בית־הכנסת פשוטה ביותר: בצלעו הצרה של הבניין, המקבילה לרחוב, מצוי חדר הכניסה, המשמש כעין נרתקס.[13] פתח הכניסה לבניין מצוי בקיר הדרומי של חדר זה, הפונה לסמטה, וספו שרד בשלמותו באתרו. מחדר הכניסה פנו המתפללים שמאלה בכיוון מערב ונכנסו אל אולם־התווך. דומה כי היו שני פתחים אל האולם — האחד מול מרכזו והשני מול הסטרה. האולם ארוך וצר ומידותיו 5.6x16 מ'. טור העמודים המקביל לקיר האורך הצפוני מחלק את החלל לשני מרחבים: אולם־תווך וסטרה אחת צרה. העמודים, שנשדדו עוד בעת העתיקה, ניצבו על גבי אדנים מעוצבים בפשטות ורק אחד מהם נשתמר באתרו. הפתח הראשי, שהיה בוודאי הרחב יותר, פונה אל ארון הקודש שניצב בקצה האולם, וכך, לעיניו של העומד בפתח נפרש הפסיפס לכל מלוא אורכו ויופיו. לאורך קירות בית־הכנסת לא היו ספסלים, כמקובל בבתי־כנסת אחדים. יש להניח כי המתפללים ישבו על גבי ספסלי עץ או מחצלות שנפרשו על הרצפה.[14] סביר להניח כי גגו של אולם־התווך היה בעל חתך גמלוני, עשוי שלד עץ שעליו הונחו רעפי חרס, והאולם נהנה ככל הנראה מתאורה קלרסטורית. לעומת זאת קשה לקבוע אם לחדר הכניסה ולסטרה היו גגות משופעים, מכוסים ברעפים או שטוחים ומכוסים טין.

הממצא שבשטח מעיד שלא היתה לסטרה גלריה, וכידוע בבתי־הכנסת העתיקים לא היתה כלל עזרת נשים.[15]

בימה שמידותיה כ־2.4x5 מ' נקבעה בקצהו המערבי של האולם והעלייה אליה היתה כנראה לא מול הכניסות, כרגיל, אלא דווקא מן הצד, מתוך הסטרה. הבימה, שעליה ניצבה התיבה שהכילה את ספרי התורה, שימשה מאז שלהי המאה השלישית או מראשית המאה הרביעית לספירה מוקד בית־הכנסת, המצביע על כיוון התפילה.[16] וכך מתואר הדבר במדרש: "העומדים בחוצה לארץ הופכים פניהם כנגד ארץ־ישראל ומתפללים, שנאמר: והתפללו אליך דרך ארצם. העומדים בארץ־ישראל הופכים פניהם כנגד ירושלם ומתפללים, שנאמר: והתפללו אליך דרך העיר. העומדים בירושלם הופכים פניהם כנגד בית המקדש ומתפללים . . . נמצאו עומדים בצפון — הופכים פניהם לדרום; בדרום — הופכים פניהם לצפון; במזרח — פניהם למערב; במערב — פניהם למזרח. נמצאו כל ישראל מתפללים למקום אחד" (ספרי דברים, כט). על גבי בימה זו ניצבו הכוהנים כשבירכו את העם, וככל הנראה גם הקריאה בתורה, התרגום והדרשה נערכו מעליה.

אבל בימת בית־הכנסת של ציפורי היא, כאמור, בקיר המערבי של הבניין, וכך כיוון התפילה אינו כלפי ירושלים. עובדה זו היא יוצאת דופן בין בתי־הכנסת העתיקים, אך דווקא בסביבה המיידית ניתן למצוא לה מקבילות. בבתי־הכנסת של יפיע, עוספיה וחורבת סומקה שבכרמל מוקד הנטייה אינו מכוון ממש לירושלים.[17] מסתבר אפוא כי למרות הקביעה ההלכתית המשתקפת בדברי המדרש, והעובדה שבתי־כנסת רבים שנחשפו עד היום אכן פונים לירושלים, כיוון התפילה בתקופה זו לא היה קבוע ומחייב.

בית־הכנסת של ציפורי שונה גם מבחינות רבות אחרות משאר בתי־הכנסת העתיקים.[18] הפרופורציה שלו מאורכת הרבה יותר מן המקובל (יחס של 2.5:1 בקירוב), יש בו סטרה אחת בלבד, ומקומו של האפסיס,

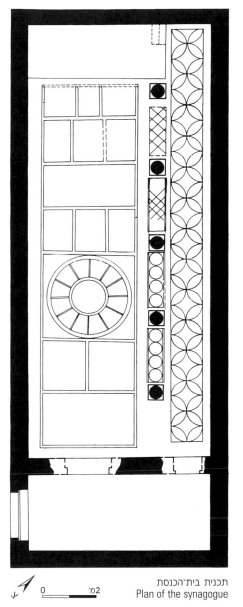

תכנית בית־הכנסת
Plan of the synagogue

מוקד הפולחן בבית-הכנסת הביזנטי נפקד
כאן, וכאמור, גם האוריינטציה הכללית של
הבניין שונה מהמקובל. לכאורה ניתן להציע
הסברים שונים, לפחות לחלק מההבדלים
הללו, אולם הם אינם בהכרח מספקים. דומה
כי בסופו של דבר יש לקבל את הממצא
כעובדה קיימת, על כל החידוש שבכך. כיוון
בית-הכנסת על ציר מזרח-מערב עם הסטייה
הקלה צפונה, נובע ממערך הרחובות בציפורי,
שקבע גם את כיוונם של שאר המבנים
בחלק זה של העיר. דומה שלא ניתן היה
למקם את הבימה ליד הקיר הדרומי, שהוא
בניגוד לציר הבניין והפסיפס, ואף לא ליד
הקיר המזרחי, הקרוב ביותר לכיוון ירושלים,
בגלל פתחי הכניסה שבו. מכל מקום, המערך
האיקונוגרפי של רצפת הפסיפס והמסר
המובנה בה מותאמים היטב לתכנית הבניין
הקיימת. זאת, והעובדה שכיוון התפילה כלפי
ירושלים לא נחשב הכרחי, הביאו ככל הנראה
את מתכנני הבניין לקבוע את הבימה בצידו
המערבי של הבניין.

תכנית בית-הכנסת בציפורי אכן מציבה
סימני-שאלה ומעוררת תמיהות, שהרי מקובל
במחקר כי בראשית המאה החמישית
לספירה כבר נתגבשה תכנית בתי-הכנסת
כמעט באופן מוחלט בהשראת הבסיליקה
הנוצרית. דומה שבית-הכנסת של ציפורי, כמו
מבנים נוספים שנחשפו בשנים האחרונות,
מלמד כי הרבגוניות מאפיינת את האדריכלות
(ובוודאי גם את האמנות, כפי שנראה להלן)
של בתי-הכנסת העתיקים, לרבות אלה שמן
התקופה הביזנטית. יש אפוא מקום להניח כי
לא היתה לבית-הכנסת מעולם צורה או
תכנית אחת, קבועה ומוחלטת. היו אמנם
כמה עקרונות שהשפיעו על עיצוב תכנית
בית-הכנסת כמקום תפילה ופולחן, אולם הם
יושמו בכל מקום באופן עצמאי ובלתי תלוי
באחרים.

הצעת שחזור למבנה בית-הכנסת
Proposed reconstruction of the synagogue

פסיפס בית־הכנסת

השריד החשוב ביותר מבית־הכנסת של ציפורי הוא רצפת הפסיפס. פסיפס זה, שכיסה במקורו את רצפת הבניין כולו, נשתמר, למזלנו, באולם־התווך טוב יותר מאשר בסטרה, ואילו מפסיפס רצפת חדר הכניסה לא שרד דבר. הפסיפס באולם־התווך עוצב כשטיח אחד מאורך, שבו משובצים תיאורים פיגורטיביים. לעומת זאת בסטרה, כמו גם בין העמודים, היו שטיחים עשויים בדגמים גיאומטריים שונים. ארגון הדגמים והיחס ביניהם, וכן העובדה שמבחינה איקונוגרפית הושם הדגש באולם־התווך, מוכרים מבתי־כנסת אחרים כגון חמת־טבריה, בית־שאן ועוספיה.

השטיח באולם־התווך

אולם־התווך מרוצף, כאמור לעיל, בשטיח פסיפס אחד שאורכו כ־13.5 מ' ורוחבו כ־4.5 מ', המותיר מסביבו רק שוליים צרים עשויים אבני פסיפס לבנות. רצועת גיוש (דגם מקלעת) בגווני כחול, אדום וצהוב על רקע שחור תוחמת את השטיח המרכזי ומסביבה עוד מסגרת דקה, העשויה אבני פסיפס שחורות. השטיח נחלק לשבע רצועות אופקיות שונות ברוחבן. כמה מהן חולקו בחלוקת־משנה לשניים או לשלושה ספינים שמידותיהם שונות, וגם ביניהם מפרידות רצועות בדגם גיוש. בסך הכל מורכבת הרצפה מארבעה־עשר ספינים ובהם תיאורים שונים, המוכרים רובם ככולם מן האמנות היהודית. מרבית הספינים נמצאו פגועים בחלקם, ושניים מהם נהרסו כמעט כליל. למרות זאת דומה כי ניתן לזהות את מרבית הנושאים, גם בקטעים שנהרסו, ואולי אף להציע השלמות לתיאורים שאבדו. חלק מדמויות האדם ובעלי־החיים מוצבים על פיסת קרקע כבסיס, אולם ברוב המקרים ממלא רקע לבן את כל חלל התמונה. כתובות הקדשה, מרביתן בשפה היוונית, מעטרות את הספינים אך אין להן כל קשר לתיאור שבתמונה.

ברצועה הרחבה ביותר (מס׳ 5) מתואר גלגל־המזלות. ארבע הרצועות שמעליו (מס׳ 1-4) כללו יחדיו עשרה ספינים: שתי הרצועות העליונות וכמוהן גם הרביעית נחלקות כל אחת לשלושה ספינים ואילו הרצועה השלישית נמשכת לכל רוחב השטיח. ספין זה, בניגוד לאחרים, מוקף, נוסף על הגיוש התוחם אותו, במסגרת שיניות עשויה אבני פסיפס שחורות. הרצועה שמתחת לגלגל־המזלות (מס׳ 6) נחלקת לשני ספינים כמעט שווים ואילו הרצועה האחרונה (מס׳ 7), הקרובה ביותר לפתח האולם, נמשכת לכל רוחב השטיח. מסגרת שיניות מקיפה גם את שלושת הספינים הללו, נוסף על הגיוש — ברצועה 6 המסגרת מאבני פסיפס שחורות וברצועה 7 מאבנים בגוון אדמדם.

כל התיאורים בשטיח הפסיפס מכוונים מערבה, בהתאם לציר האורך של האולם — לכיוון הבימה. בחירת התיאורים, קביעת מקומם היחסי בתוך מערך הרצפה והרצף שלהם נועדו לא רק להדגיש את הבימה, מוקד הפעילות בבית־הכנסת, אלא הם מבטאים, כפי שנראה להלן, את תקוות הגאולה שפיעמה בלב היהודים בני התקופה, תקווה המוצאת את ביטויה גם בתפילה, בפיוט ובדרשה.

מערך זה של השטיח, המבוסס על חלוקה לרצועות ואשר במרכזו גלגל־המזלות, מוכר לנו מרצפות פסיפס שנתגלו בבתי־כנסת אחרים — בחמת־טבריה, בבית־אלפא ובנערן. הוא משקף לכאורה מסורת אמנותית המשותפת לכולם.[19] גלגל־המזלות הוא אכן מוקד כל הרצפות הללו, אך אין די בכך כדי להשוות את פסיפס ציפורי לאחרים. אולם בניגוד לפסיפסים בבתי־הכנסת ההם, שבכולם מחולקת הרצפה לשלושה שטיחים, וגלגל־המזלות במרכז, החידוש בפסיפס ציפורי הוא שמספר הרצועות מעל הגלגל ומתחתיו גדול הרבה יותר, ורובן אף נחלקות בתוכן לכמה ספינים, דבר שאינו מוכר כלל מפסיפסי בתי־הכנסת שנחשפו עד כה בארץ. המקבילה הקרובה ביותר לפסיפס בית־הכנסת של ציפורי מבחינת החלוקה לספינים מצויה מחוץ לארץ־ישראל, ולאו דווקא ברצפת פסיפס, אלא בציורי־קיר — בבית־הכנסת של דורה אירופוס שבסוריה שמן אמצע המאה השלישית לספירה.[20] התיאורים של סיפורי המקרא שעיטרו את קירות בית־הכנסת הזה ערוכים בשלוש רצועות אופקיות, שנמשכו על פני כל אולם־התפילה, וכל רצועה נחלקה לכמה ספינים. שיטת חלוקה זו, המוכרת עד כה רק מדורה אירופוס, עומדת ביסוד מערך הפסיפס של בית־הכנסת בציפורי. קירות בית־הכנסת של דורה אירופוס או משטח הרצפה בציפורי שימשו מבחינה טכנית כשטח נתון, והאמנים עיטרו אותו במכלול התיאורים שעמדו לפניהם. בשני המקרים הם חילקו את השטח לרצועות אופקיות, ואת הרצועות חילקו לספינים בהתאם לצורך. התיאורים בדורה אירופוס ובציפורי דומים זה לזה באופן ארגונם ובמסר האידיאי שלהם, אך בהשוואת הספינים המתארים נושאים זהים בולטים הבדלים לא מעטים. אין להניח, כמובן, כי יוצרי פסיפס בית־הכנסת בציפורי הושפעו ישירות מציורי־הקיר בדורה אירופוס, אלא כי שניהם שאבו ממסורת שהיתה קיימת במזרח הרומי, ואם כך לא מן הנמנע שעוד יתגלו באזורנו בתי־כנסת נוספים עם רצפות פסיפס, או אפילו עם ציורי־קיר, שהיו מאורגנים במערך מעין זה.[21] וכך אפוא תגלית ציפורי, נוסף על עצם ייחודה וחשיבותה, גם מעוררת מחדש את השאלה בדבר מקור ההשראה של ציורי דורה אירופוס, נושא שאינו חדל להעסיק את המחקר המודרני.[22]

הסטרה הצפונית

רצפת הסטרה הצפונית מכוסה בשטיח פסיפס שעיקרו דגם של עיגולים וחצאי־עיגולים החותכים זה את זה לצורות פרחים בעלי ארבעה עלים. משטחי עלים אלה, כמו הרווחים שביניהם, ממולאים בדגמים גיאומטריים צבעוניים. הרווחים שבין עמודי הסטיו עוטרו בדגמים גיאומטריים, פשוטים יותר. בין הפרחים, וכן ברווחים שבין שטיח הסטרה והעמודים, שולבו כתובות הקדשה בארמית (ראה דיון עליהן להלן).

הספינים ומשמעותם

להלן יתואר הפסיפס על שבע הרצועות
והספינים שבתוכן לפי הסדר — מלמעלה
למטה, דהיינו מכיוון הבימה אל הפתח,
כלומר בהיפוך לסדר הכניסה אל בית-הכנסת.

רצועה 1: זר ושני אריות משני צדיו

במרכזה של רצועה זו, הסמוכה ביותר
לבימה, היה ספין צר יחסית ומצדיו שניים
רחבים יותר. חציה העליון של הרצועה חסר
כמעט לגמרי, ככל הנראה כתוצאה משוד
אבני הבימה.

בספין המרכזי, החסר ברובו, היה זר בעל
עלים מסוגננים שרק קצותיהם נשתמרו, וכן
שרדו הקצוות המעובים של השרוך שקשר
אותו. בתוך הזר נותרו שרידיה של כתובת
יוונית: ". . . תהי עליו ברכה". מוטיב זה חוזר
רבות באמנות בתי-הכנסת, אם בתבליט, כמו
למשל במשקוף בנברתין, ואם בפסיפס, כמו
למשל בחמת-גדר או בית-הכנסת המאוחר
בטבריה.

בספינים שמצדי הזר מתוארים שני אריות
ניצבים זה מול זה. האריות עומדים על-גבי
פיסת קרקע גלית בגוון חום-צהבהב
המודגשת בקו שחור כשראשם פונה למרכז.
האריה שמשמאל נשתמר כמעט בשלמותו,
למעט הראש, שממנו ניתן להבחין רק
בתחתית הרעמה ובקצה הלשון המשורבבת.
כף רגלו הקדמית מורמת קמעה והיא אוחזת
בטופריה ראש שור. יש להניח כי תיאור
דומה חזר בספין השני.

דימוי זה של שני אריות, או בעלי-חיים
אחרים, ניצבים לצדי דגם כלשהו בתנוחה
הרלדית, ראשיתו במזרח הקדמון והוא נפוץ
מאוד באמנות היהודית, במיוחד במאות
הראשונות לספירה. אריות ותוארו ברצפת
בית-הכנסת של חמת-טבריה וחמת-גדר לצדי
אחת מהכתובות שם, במעון (נירים) הם
ניצבים לצדי המנורה ובבית-אלפא — משני
צדי החזית בספין שלפני הבימה.[23] על כמה
מארונות הקבורה בבית-שערים, כמו גם על
גבי משקוף מבית-הכנסת מחורבת עמודים,
אוחזים האריות ראש שור בכפתם.[24] שני
האריות שומרים כביכול על אלו ששמותיהם
נזכרו בכתובת, אן מיקומם בראש הפסיפס
בא אולי לומר כי הם מגינים על בית-הכנסת
ועל הקהילה כולה.[25] מכל מקום דומה כי אין
הם קשורים ישירות לתיאורים שברצועות
הבאות.

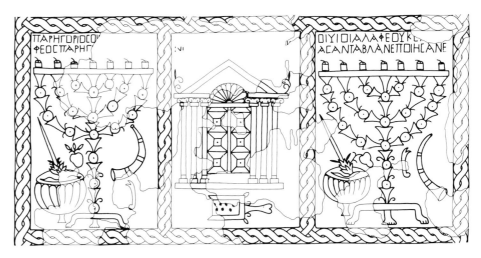

רצועה 2: חזית אדריכלית, מנורות וסמלים יהודיים

רצועת פסיפס זו נחלקת לשלושה ספינים כמעט אחידים בגודלם. בספין המרכזי, שנהרס בחלקו הגדול, מתוארת חזית אדריכלית עם שתי דלתות המעוטרות כל אחת בשלושה ספינים רבועים — עיטור המאפיין את דלתות העץ בנות התקופה. משני צדי הפתח שלושה עמודים התומכים גמלון סורי, ניצבים על־גבי בסיסים ובראשם כותרות יוניות מסוגננות. במרכז הגמלון, מעל לפתח, עיטור של קונכייה המדגישה את הדלתות. שולי הגמלון עוטרו באקרוטריות (עיטור מגולף מעל פינות הגג) בדגם צמחי שהשתרג כלפי מעלה. העמודים ניצבו על גבי משטח מוגבה בגוון אדמדם. אולם דומה כי במרכז החזית, לפני הדלתות, היו כמה מדרגות אך הן לא נשתמרו. חזית כזאת נפוצה באמנות היהודית, אולם מובנה, כפי שנראה בהמשך, אינו חד־משמעי: אפשר שהיא מתארת ארון־קודש כפי שהיה בבית־הכנסת, ואפשר שהיא מסמלת את המקדש העתיד להיבנות.

מתחת לחזית מוצגת מחתה אחת, בניגוד לצמד מחתות שתוארו באותו הקשר בחמת־טבריה ובבית־אלפא, למשל. בחלל הכף של הכלי האפור נראה גוון אדמדם שבתוכו כמה אבנים בגוון אדום כהה — ביטוי לגחלים הלוחשות בתוכו. משני הגביעים שניצבו בפינות המחתה — שנועדו לבשמים שהותזו מדי פעם על הגחלים — נשתמר אחד. ידית המחתה צרה במרכזה ולקָצֶהָ צורת חתך לב. שני קרסים מעטרים את נקודת החיבור של הידית והכף.

בשני הספינים שמצדי החזית, הזהים כמעט בפרטיהם, מתוארים מנורה וסמלים יהודיים אחרים. התיאור בספין הימני השתמר טוב יותר. המנורה, הניצבת במרכזו, מעוצבת בגווני צהוב; כל שבעת קניה עשויים לסירוגין חוליות כדוריות וגביעים בעלי מתאר משולש שמבסיסם עולים שני ניצנים. תיאור זה הוא חיקוי, סכמתי למדי, של מנורת המשכן על כפתוריה ופרחיה, כנאמר בספר שמות (כה: לא-לו; לז: יז-כב). למנורות שלוש רגליים בצורת כף רגלו של אריה. בראשן לוח אופקי ועליו, מעל כל קנה, שבעה מכלים קטנים בגוון כחלחל. אלו הן כוסות זכוכית עם שמן, שמהן בוקעות פתילות או להבות דקיקות, הפונות כולן לשמאל.

משמאל לכל אחת מהמנורות מתוארים ארבעת המינים. הלולב, ההדס והערבה האגודים יחדיו נתונים בקערה מעוגלת בעלת בסיס חרוטי.[26] לצדם נראה גם האתרוג, אלא שהוא מעוצב באופן שונה בכל ספין: בספין הימני הוא מאוגד עדיין בגבעולו עם שאר המינים,[27] ואילו האתרוג שמשמאל, המלא יותר, שלעוקצו מחוברים כמה עלים, מונח חופשי. הקערה מעוטרת בתבליט עלי־כותרת היוצאים מבסיסה ומכסים את דפנותיה, פרט אופייני לכלי המתכת בתקופה זו.[28] מימין למנורות נראה שופר מעוטר בשלוש טבעות צבעוניות. פי השופר בספין השמאלי פונה אל המנורה ואילו זה שמימין פונה כלפי חוץ. בין המנורה והשופר בספין הימני נראה חפץ דמוי מלקחיים. מלקחיים דומים תוארו גם בספין השמאלי (נותר מהם רק הקצה). פרט זה, שאינו מוכר כלל באמנות היהודית העתיקה, מצוי לצדי המנורה בכתבי־היד הספרדיים מהמאות השלוש־עשרה והארבע־עשרה לספירה,[29] אך גם בפסיפס בית־הכנסת השומרוני שבאל־ח'רבה.[30] המלקחיים, עם המחתות, שימשו את הכוהן בזמן דישון המנורה והטבת הנרות — פעולה יומיומית שנעשתה במשכן ובמקדש (ויקרא כד: א-ד). רוב הדימויים שברצועת פסיפס זו, כמו גם צירופם במסגרת אחת, אמנם מוכרים באמנות היהודית, אולם מיקומם בתוך מערך הפסיפס כולו מאיר באור חדש את הסמלים הללו ומעניק להם משנה משמעות.

אריות, ארון הקודש, המנורות וארבעת המינים על־גבי "זכוכית זהב" מרומא, אוסף מוזיאון ישראל
Lions, the Holy Ark, menorahs, and the Four Species on a gold-glass base from Rome. Israel Museum Collection

רצועה 3: הקדשת אהרן לעבודת המשכן וקרבן התמיד

רצועת הפסיפס השלישית, שכולה ספין אחד, כוללת תמונה המורכבת משלוש אפיזודות הנקראות מימין לשמאל, וממשיכה גם לרצועה שמתחתיה. מרכז הספין וקטע נוסף מימין הרוסים, אך למרות זאת נושא התמונה ברור לגמרי.

מימין נראה אגן מים מוצב על־גבי עמוד שבראשו כותרת יוֹנית. האגן מעוצב כקערה גדולה, עגולה־למחצה ומעוטרת בדומה לקערה שנזכרה קודם. הוא מלא מים, המתוארים בקווים גליים בגוון כחלחל. שני ראשים (ראשי פרים?) בולטים מדופן האגן משמאל ומפיהם קולח זרם מים אל תוך קערה חצי־כדורית. לא מן הנמנע כי שני ראשים נוספים בלטו באופן סימטרי גם מימין האגן, וגם מהם קלחו מים אל תוך קערה. את מרכז הספין מילא מזבח גדול בנוי אבני גזית (מחציתו השמאלית נהרסה), שניצב ככל הנראה על בסיס מדורג. שתי פינותיו מימין מעוטרות בקרניים, וכמותן יש לשחזר גם בקטע ההרוס. המזבח מתואר במעין אקסונומטריה וחלל המזבח עשוי בגווני אדום, רמז לאש התמיד הבוערת בו. הכתובת "אהרן" וקטעי בגד בלבד שרדו מדמותו של אהרן הכוהן הגדול, שניצבה משמאל למזבח. הבגד עשוי בגוון כחלחל ומעוטר בנקֻדות צהבהבות.[31] בחלקו התחתון של הבגד נותר פעמון אחד שלם, אחד מפעמוני הזהב שעיטרו את שולי מעילו של אהרן כמתואר בתורה: "ועשית את מעיל האפוד כליל תכלת... ועשית על שוליו רימוני תכלת וארגמן ותולעת שני על שוליו סביב ופעמוני זהב בתוכם סביב. פעמון זהב ורימון, פעמון זהב ורימון על שולי המעיל סביב" (שמות כח: לא-לה).[32] בשמאל הספין נראה שור בפרופיל ניצב על־גבי פיסת קרקע וצועד לימין. בין קרניו ניתן להבחין בקישוט, מעין זר, עשוי אבני פסיפס צהבהבות. מעליו, כביכול מאחוריו, נראה כבש ומעליו כתוב הפסוק: "... את הכבש (בפסיפס: כבס) אחד" (במדבר כח: ד).[33]

המשכו של תיאור זה מובא, כאמור, ברצועת הפסיפס הבאה, הרביעית, בספין השמאלי. ארבעת החפצים שבו, המוכתרים בכתובות, הם ממרכיבי קרבן התמיד: בפינה השמאלית העליונה מתואר כבש (נוסף על זה שבספין הקודם) ומעליו המשכו של הפסוק המצוטט למעלה: "... ואת הכבש השני..." לימין הכבש קנקן שחור בעל שתי ידיות המעוטר בפס לבן, והמילה "שמן" הכתובה לצדו מעידה על תכולתו. קנקנים מסוג זה היו נפוצים בתקופה הביזנטית ושימשו לאגירת נוזלים; כמותם נמצאו רבים גם בציפורי.[34] למטה מימין מתואר כלי מרובע, שתכולתו, העשויה אבני פסיפס שחורות וצהובות בדגם שח־מט, עולה על גדותיו כמשולש. הכתובת "סלת" שמעליו מבהירה את מהותו. בפינה השמאלית התחתונה נראות שתי חצוצרות, כפי שמציינת הכתובת "חצוצרת" שמעליהן. בניגוד לשופר שברצועה 2, החצוצרה מתוארת כקנה, קמור קלות, ההולך ומתרחב כלפי צד אחד. היא מעוטרת בשתי טבעות במרחקים קצובים על פני הקנה.[35]

מה אם כן עומד מאחורי הדימויים בפסיפס ציפורי? דומה כי לפנינו ביטוי ציורי לפרק כט בספר שמות, הפרק המתאר את הקדשת אהרן ובניו לעבודת המשכן ומסיים בעניין קרבן התמיד. לטקסט המקראי שלושה מוקדים. הראשון הוא טקס הטהרה: "ואת אהרן ואת בניו תקריב אל פתח אוהל מועד ורחצת אותם במים..." (פסוק ד ואילך). המוקד השני הוא מעשה הקרבת הפר: "והקרבת את הפר לפני אוהל מועד וסמך אהרן ובניו את ידיהם על ראש הפר. ושחטת את הפר לפני ה' פתח אוהל מועד" (פסוקים י-יא). הפר של אהרן הוא הראשון שהועלה קרבן על מזבח העולה אשר בחצר המשכן, לפני פתח אוהל מועד. המוקד השלישי בפרק אינו קשור ישירות למעשה ההקדשה אלא עניינו קרבן התמיד, המבטיח את נוכחות השכינה במקום הנבחר: "וזה אשר תעשה על המזבח: כבשים בני שנה שניים ליום תמיד. את הכבש האחד תעשה בבוקר ואת הכבש השני תעשׂה בין הערביים... עולת תמיד לדורותיכם... ושכנתי בתוך בני ישראל והייתי להם לאלהים..." (פסוקים לח-מה).

שלושת מוקדי הטקסט המקראי הללו מוצאים כאמור את ביטוים הציורי בספיני הפסיפס הנקראים מימין לשמאל. אגן המים שבימין רצועה 3 הריהו הכיור שהיה בחצר המשכן, לא הרחק מהמזבח, והוא מסמל את טקס הטהרה בשלבו הראשון. השלב הבא מתואר במרכז הרצועה: אהרן ניצב לצדי מזבח העולה שמול פתח אוהל מועד, המיוצג, ולו בעקיפין, בחזית האדריכלית שמעליו, ברצועה 2. הפר, הקרבן הראשון שהועלה במהלך טקס ההקדשה, ניצב בפסיפס לצדו של אהרן. במוקד השלישי והאחרון של הפרק עומד קרבן התמיד בן שני הכבשים — כבש אחד מתואר בשמאל רצועה 3 והכבש השני בספין השמאלי של רצועה 4. דומה שתיאור קרבן התמיד בן שני הכבשים בשתי רצועות הוא מכוון ולא בא מחוסר מקום, אלא כדי לאגוד את שני הספינים כדי שייקראו יחדיו, שכן שניהם משלימים זה את זה ומהווים יחד אילוסטרציה לציווי המקראי. כאן, כמו במקרא, מסמל קרבן התמיד את נוכחות השכינה במקום הנבחר.

עם זה, דומה כי תיאורו של קרבן התמיד אינו מבוסס על הטקסט המקראי לבדו, אלא הוא משקף ידיעה של המסורת התנאית. בתורה (שמות כט: לח-מד ובמדבר כח: א-ח), מרכיבי הקרבן הם שני כבשים, סולת, שמן ויין, וכולם, למעט היין, מופיעים בפסיפס. אולם בתורה אין קשר בין קרבן התמיד והחצוצרות, ואילו המדרש סומך את התקיעה בשתי החצוצרות לקרבן התמיד. הפסוק: "וביום שמחתכם ומועדיכם ובראשי חודשיכם ותקעתם בחצוצרות . . ." (במדבר י: י) נדרש בספרי זוטא כך: "ביום, זה יום טוב . . . שמחתכם, אלו הרגלים; מועדיכם, אלו התמידים, כשאמר ומועדיכם, ריבה כל תמיד ותמיד . . . ותקעתם, בחצוצרות ולא בשופרות" (בהעלותך י, י). המשנה מציינת כי בכל יום היו במקדש עשרים ואחת תקיעות, "שלוש לפתיחת שערים, ותשע לתמיד שלשחר ותשע לתמיד של בין הערביים" (סוכה ה, ה). הוספת זוג החצוצרות אל הכבש השני, השמן והסולת בפסיפס משקפת אפוא את המציאות בבית המקדש השני כפי שנשתמרה במסורת חז"ל, שלפיה נהגו לתקוע בשתי החצוצרות בשעה שהקריבו את קרבן התמיד. יתר על כן, מיקום כבש אחד בספין המתאר את המשכן וכבש שני בתוך תיאור קרבן התמיד כפי שהיה בבית המקדש, בא להצביע על המשכיות הפולחן במשך הדורות.

נושא הקדשת אהרן לעבודת המשכן מופיע גם בבית־הכנסת של דורה אירופוס.[36] מתואר שם קיר בעל שלושה פתחים המסמל את התחום המקודש ומעליו מקדש בעל חזות פגאנית שבתוכו ניצב ארון וכן מנורה, שני מזבחות קטורת ומזבח שעליו מונח קרבן, כנראה מזבח העולה. מימין להם עומד אהרן, ושמו רשום ביוונית לצדו. בשורה אחת עם אהרן ניצבות ארבע דמויות האוחזות בחצוצרה, שתיים מימינו ושתים משמאלו. בפינה הימנית התחתונה של הספין מתוארים שור ואיל זה מעל זה. שור נוסף, המעוטר רזר עלים סביב בטנו, מתואר בפינה שמנגד ולצדו ניצב אדם מניף גרזן מעל כתפו השמאלית. ספין זה דומה במבט ראשון למה שנמצא בציפורי, אולם בהשוואה מדוקדקת בין השניים בולטים הבדלים לא מעטים.

ניתוח הספין בדורה אירופוס מורה שאין מדובר בתיאור נארטיבי, אלא באוסף של תיאורים הקשורים לעבודת המשכן שקובצו יחדיו למסגרת אחת.[37] במרכזו מצוי אמנם סיפור הקדשת אהרן למשכן (שמות כט), אך משולבים בו גם הציווי לעשיית החצוצרות למקרא העדה (במדבר י: א-ג) ותיאור שריפת פרה אדומה (במדבר יט).

תיאור של המשכן וכליו מופיע מאוחר יותר ב"טופוגרפיה של קוסמס" — חיבור מן המאה השישית לספירה שיוחד לקוסמוגרפיה אך עוסק בנושאים תיאולוגיים ומתבסס על סיפורי מקרא שונים[38] — כמו־גם באוקטטכים — התרגום היווני המלווה באיורים לשמונה ספרי תנ"ך (חמשת החומשים, יהושע, שופטים ורות), אשר כתב־היד הקדום ביותר שלו המוכר לנו הוא מן המאה האחת־עשרה לספירה[39] — ובכתבי־יד יהודיים מן המאה העשירית ואילך.[40] פרטים אחדים המופיעים בכתבי־היד הללו מצויים כבר בפסיפס ציפורי אולם מכלול התיאור בהם שונה בתכלית ממה שנמצא אצלנו. המיניאטורות המלוות את כתבי־היד מתארות ברובן את תבנית המשכן וכליו אך בלא זיקה ישירה אל הקרבנות שהועלו בו, נושא שבפסיפס ציפורי זוכה דווקא לדגש מיוחד.

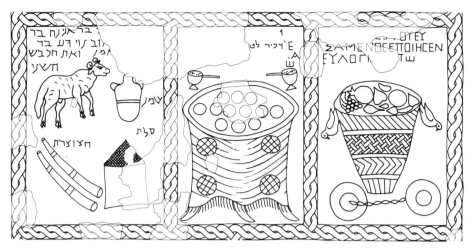

רצועה 4: שולחן לחם־הפנים וסל הביכורים

שני ספינים נוספים נסמכים מימין אל תיאור קרבן התמיד. גם הם נוגעים לעבודת הקודש, אך אין הם ממשיכים את תיאור הקדשת אהרן וקרבן התמיד, וגם אינם קשורים זה לזה.

בספין המרכזי מתואר שולחן לחם־הפנים. השולחן כאן הוא עגול ובעל שלוש רגליים, בניגוד למתואר במקרא (שמות לז: י-טז) ובתיאורים האמנותיים.[41] יריעת בד העשויה בגווני צהוב־חום ומעוטרת בפינותיה בארבעה עיגולים בדגם רשת מכסה את השולחן; בשוליה גדילים ורק קצות הרגליים מבצבצים מתחתיה. שנים־עשר כיכרות הלחם שעל השולחן, שכמה מהם חסרים, מתוארים בדמות חפצים עגולים ולא מלבניים כדברי המשנה (מנחות יא, ד). כיכרות הלחם ערוכים בשלוש שורות — שישה בשורה המרכזית ושלושה נוספים מכל צד. סדר זה גם הוא אינו בהתאם לכתוב בתורה: "ושמת אותם שתיים מערכות שש המערכת על השולחן הטהור לפני ה׳ . . ." (ויקרא כד: ו-ז). מעל השולחן, משני צדיו, נראים שני כלים בעלי ידית ארוכה ובסיס משולש, שבתוכם ניתן להבחין בכתמים שחורים המציינים את תכולתם. אלו הם שני הבזיכים עם הלבונה שהוצבו מעל מערכות הלחם במשכן או במקדש, כפי שמסבירה התוספתא: ". . . כיצד מסדרין את הבזיכין, נותן בזך אחד על גבי סדר זה ובזך אחד על גבי סדר זה . . ." (מנחות יא, טו). כיכרות הלחם לא הוערמו אמנם על השולחן, אולם מיקומם של הבזיכים בפסיפס משני צדי השולחן תואם אפוא במידת־מה את דברי המדרש.

בספין הימני מתואר סל ביכורים. זהו סל נצרים קלוע, שבכמותו הביאו העניים את ביכוריהם למקדש (משנה, ביכורים ג, ח). הקליעה עשויה בדגמים שונים, הסדורים בארבע רצועות לכל רוחב הסל. הסל מלא בפירות שנשתבחה בהם ארץ־ישראל, כגון אשכול ענבים, רימון ותאנה. בשולי הסל תלויות שתי ציפורים וראשן מופנה כלפי מטה. מתחת לסל נראה זוג צלצלים הקשורים זה לזה בשרשרת חוליות, האחד כחלחל והשני צהבהב. השמאלי מתאר את צדו החיצוני של הצלצל ואליו קשורה השרשרת, והימני מתאר את צדו הפנימי של הכלי. כך הציג האמן את הצלצלים משני צדיהם.

מצוות הביכורים והבאת הטנא אל הכוהן נזכרת בפרוטרוט כבר בדברים כו, אולם התיאור שלפנינו עוצב ברוח מסורת חז"ל. לא רק העובדה שהסל מכיל מפירות שבעת המינים (משנה, ביכורים א, ג), אלא גם עיטור הטנא בגוזלי יונים הקשורים בשוליו דווקא, משקפים את מסורת חז"ל, כפי שהיא מוכרת לנו מברייתא שבתלמוד הירושלמי: "תני רבי יוסי: לא היו נותנין את הגוזלות על גבי הסלין שלא ינבלו הביכורין אלא תולה אותן חוץ לסלים . . ." (ביכורים ג ד, סה ע"ד). הסיבה לכך שהגוזלים נתלו דווקא בשוליים, כפי שנראה בפסיפס, היא אפוא החשש שמא יעשו את צורכיהם על הפירות.

שממנו עולה המרכבה בדהרה. את גרמי השמים, המתוארים בחלקו העליון של המעגל על רקע כחלחל, מייצגים הירח וכוכב אחד בודד מימין. הירח עשוי כעיגול מלא: החרמש באבנים לבנות, וצדו הנסתר בגוון חום כהה. אולם הפרט המעניין ביותר בתיאור זה היא השמש, שבאה במקומו של הליוס, הנפקד בפסיפס. היא תלויה במרכז השמים, וקרניה, עשר במספר, שלוחות לכל עבר. הקרן התחתונה יורדת אל המרכבה, ויוצרת בכך אשליה, כאילו השמש עצמה רוכבת בה.

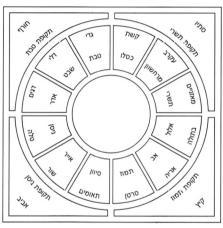

רצועה 5: גלגל־המזלות

במרכז רצפת הפסיפס עומד גלגל־המזלות, מעוצב בצורת שני מעגלים, זה בתוך זה, חסומים בתוך ריבוע שמידותיו 3.3x3.3 מ'. מוטיב זה מעטר את מרכזן של רצפות פסיפס בבתי־כנסת אחדים בארץ, ביניהם חמת־טבריה, בית־אלפא, נערן ועוספיה.[42] במקומות אלו נראה במעגל המרכזי הליוס אל השמש רוכב במרכבתו וברקע כוכבי השמים; במעגל החיצוני מוצגים שנים־עשר המזלות, המופרדים זה מזה בקווים רדיאליים; בארבע פינות הריבוע החוסם פרוטומות של נשים המסמלות את עונות השנה, בהתאם לסמלי החודשים שבמעגל. אף שסכמה זו חוזרת גם בגלגל־המזלות של ציפורי, בכל זאת רב בו החידוש.

במעגל המרכזי שבפסיפס ציפורי, המוקף כתובת הקדשה, נראית מרכבתו של הליוס הרתומה לארבעה סוסים במבט חזיתי. הסוסים, המתפרסים לכל רוחב המעגל, מעוצבים בפרופיל — שניים שועטים לימין ושניים לשמאל כשרגליהם הקדמיות שלוחות לפנים; שני הסוסים שבתווך מפנים את ראשיהם למרכז ומסתכלים כביכול לאחור אל המרכבה והשניים האחרים פונים החוצה, לכיוון הדהירה. פיהם של הסוסים נתון ברסן והם רתומים ליצול בלתי־נראה. מן המרכבה שבתווך נראים רק הדופן הקדמית ושני האופנים, המתוארים בפרופיל בין רגלי הסוסים. הבחירה בנקודת המבט החזיתית הקשתה על האמן ליצור פרספקטיבת עומק נכונה. בתחתית המעגל נראים קווים גליים כחלחלים המתארים מקור מים, אולי ים,

משנים־עשר המזלות שמילאו את המעגל החיצוני, ארבעה נשתמרו כמעט בשלמותם. האחרים נפגעו באופן זה או אחר, וחלקם נהרס כמעט כליל. ובכל זאת, בכל אחד נשתמר לפחות פרט כלשהו, המאפשר לזהות את המזל בוודאות. כמה סממנים, שחלקם לא היו מוכרים קודם, בולטים בגלגל־המזלות של ציפורי. תנועת המזלות היא נגד כיוון השעון; כמעט כל סימני המזלות מלווים עלמים — רובם עוטי גלימה המכסה את פלג גופם העליון וכמה מהם כמעט עירומים; כולם יחפים, למעט אחד הלובש כנראה שמלה קצרה ולרגליו נעליים שחורות. כל הדמויות ניצבות כשרגליהן פונות חוצה וראשן אל מרכז המעגל. ליד כל מזל כתוב שמו ושם החודש בעברית,[43] וכן מופיע כוכב, מימין או משמאל, בשוליים העליונים של כל מזל ומזל.

דמויות הטלה והשור נראות מן הצד בתנועה, כשלצדם ניצב עלם; העלם הנלווה לשור אוחז מטה בידו. שני העלמים המסמלים את מזל תאומים נראים במבט חזיתי, עירומים וחבוקים; דומה כי העלם הימני החזיק כלי מיתר והשמאלי אלה. הסרטן מתואר במבט מלמעלה פונה לימין ולצדו העלם בשמלה הקצרה ובנעליים המוצג במבט חזיתי ובידו חפץ בלתי מזוהה. האריה נראה מזנק לימין וגם לצדו ניצב עלם. מזל בתולה נהרס כמעט כליל ושרדו רק שתי שיבולים שככל הנראה אחזה הבתולה בידיה. במזל מאזניים מתואר עלם פונה לימין והמאזניים בידו הימנית. העקרב, כמו הסרטן, מתואר מלמעלה פונה לימין ולצדו עלם דומה לזה שבמזל הקודם. מזל קשת מתואר בדמות קנטאור מזנק לימין; הוא ניצב על שתי רגליו האחוריות, רגליו הקדמיות שלוחות קדימה ובידיו חץ וקשת. מזל גדי הרוס ברובו; מן המעט שנשתמר דומה כי העלם הכורע אחז באחורי הגדי שפנה לימין. ממזל דלי נשתמרו רק המים שנשפכו מן הדלי ארצה. מזל דגים מתואר בדמות עלם אוחז בימינו שני דגים תלויים בקרס.

ארבע עונות השנה שבפינות הריבוע, ליד החודשים שאליהם הן מתייחסות, מיוצגות על־ידי האנשות בדמות ארבע פרוטומות של נשים, המתוארות באופן חזיתי כשפניהן מוסטות בשלושה רבעים לשמאל. לצדן חפצים המסמלים את הפעילות החקלאית שבאותה עונה וכתובות המציינות את התקופה בעברית וביוונית. תקופת ניסן (אביב) לבושה שמלה ללא שרוולים בגווני צהוב ושערה הגלי אסוף כלפי מעלה בסיכה ומעוטר בשלוש שושנים. מגל זעיר, סל עם פרחים ושתי חבצלות על גבעול מתוארים מימינה, ואילו משמאלה קערה מעוגלת ובתוכה פרחים ולצדה ענף שושנים. פלג גופה התחתון של תקופת תמוז (קיץ) הרוס ברובו, אולם דומה כי היתה עירומה. שערה אסוף ולראשה כעין כיפה צהבהבת עם חוד. מימינה אגודת שיבולים ופירות נוספים, ומשמאלה מגל בעל להב ארוך ומשונן ועוד כלי בלתי מזוהה הקשור כפי הנראה לעבודת האדמה. העלמה המסמלת את תקופת תשרי (סתיו) דומה לזו שבתקופת ניסן. שערה קלוע לכעין לולאה מאחור אך גם אסוף למעלה ואחוז בסיכה, ובאוזנה השמאלית עגיל. לימינה שני רימונים ופירות נוספים ובשמאלה ניתן להבחין רק בזמורת גפן עם קנוקנות, אך ככל הנראה היה עליה גם אשכול ענבים, כמו בתיאורי התקופות בפסיפסים האחרים. תקופת טבת (חורף) היא דמות קודרת, עוטה גלימה אפרפרה המכסה את ראשה. לשמאלה גרזן בעל ידית ארוכה ולימינה עץ שאחד מענפיו כרות, מגל זעיר ופרי בלתי מזוהה.

תיאורים של עונות השנה, המזלות והליוס במרכז הם נושאים מוכרים באמנות הפגאנית, אולם צירוף השלושה לכדי מערך גלגל־מזלות אחד, מגובש וקבוע, אופייני לאמנות בתי־הכנסת בלבד.[44] הקדום שבאלה הוא מחמת־טבריה, מן המאה הרביעית לספירה,[45] ואילו בבית־אלפא ובנערן הוא מן המאה השישית לספירה. מערך בסיסי זה נותר במרוצת המאות כמעט ללא שינוי, על אף שינויים סגנוניים שחלו בעיצובו. אולם גלגל־המזלות של ציפורי הוא בבחינת חידוש יוצא דופן. המערך הבסיסי שלו אינו שונה כאמור מן האחרים, אולם מייחדים אותו הפרטים האיקונוגרפיים שנוספו בו, ובעיקר אלו שהוחסרו ממנו. עיצובן של עונות השנה, לרבות מספרם הרב של הסמלים המתארים אותן, והכינויים ביוונית, המלווים את הכותרות בעברית, אינם מוכרים כלל. גם מגוון הפרטים של כל מזל ומזל ואופן עיצובו שונה מהמקובל, כמו גם שילובה של כתובת הקדשה ביוונית מסביב למעגל המרכזי. אולם הבולט ביותר הוא חסרונו של אל השמש, הליוס (סול אינוויקטוס). בכל שאר גלגלי־המזלות הוא מתואר בדמות רכב הנוהג במרכבה, ואילו כאן המרכבה ריקה, ורק השמש זורחת מעליה. הדבר מעורר כמובן תהיות.

גלגל־המזלות מבית־הכנסת בבית־אלפא, המאה השישית לספירה

The zodiac from the synagogue at Beth Alpha, 6th century CE

עקרב
מרחשון

קשת
כסלו

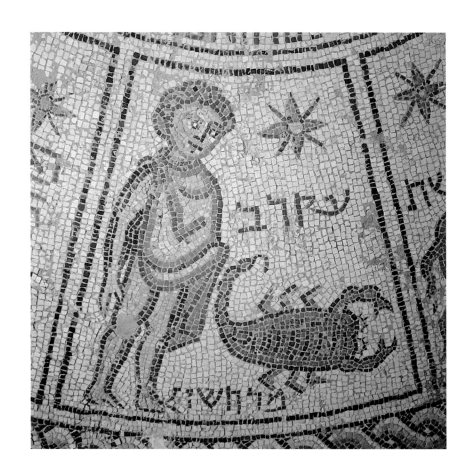

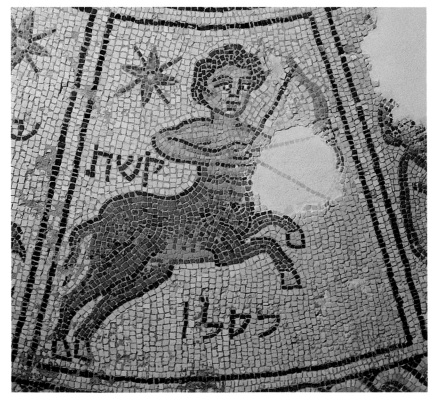

רצועה 6: עקדת יצחק

שני הספינים ברצועת הפסיפס השישית קשורים לסיפור עקדת יצחק (בראשית כב: א-יט). בספין השמאלי נראים שני הנערים שנשארו לרגלי ההר עם החמור, המזוהים במדרש עם אליעזר וישמעאל (ויקרא רבה כו, ז). קווים מעוגלים, ההולכים ונערמים לשמאל וכלפי מעלה כעין קשקשים וממלאים את פינתו השמאלית התחתונה של הספין, מסמלים את תחתית הר המוריה. בחזית התמונה ניצב החמור, המתואר בפרופיל לשמאל, ועל גבו מונחת מרדעת צבעונית. מאחוריו ניצב אחד הנערים, המתואר במבט חזיתי כשראשו מוסט מעט לשמאל, כלפי הנער הנראה משמאל. ידו האחת אוחזת בחנית והשנייה מורמת קמעה ומופנית אל מרכז התמונה, כשהאצבע והאמה זקופות וצמודות בתנועה המסמלת ברכה באמנות הנוצרית. הנער השמאלי יושב מתחת לעץ שאחד מענפיו מסוכך עליו. פלג גופו העליון מתואר במבט חזיתי ואילו רגליו נראות כביכול מן הצד. ראשו מוסט מעט ימינה כלפי הנער הראשון. בידו השמאלית הוא אוחז את מושכות החמור והימנית שלוחה הצדה. שני הנערים לבושים בשמלות קצרות בעלות שרוולים ארוכים, מעוטרות ומהודקות למותניהם, ולרגליהם נעליים שחורות.

המשכו של הסיפור בספין שמימין, אולם נשתמר ממנו קטע קטן בלבד. בשמאל הספין נראה עץ בעל גזע מעוקל, שמענפו היחיד צומחים כמה עלים ירקרקים. ראשו של בעל־חיים הקשור בקרנו השמאלית בחבל אדמדם אל העץ הוא השריד היחיד מהאיל, שתואר בקטע זה של הרצפה. מתחתיו נראים שני זוגות נעליים מהופכות. קטע פסיפס קטן נוסף נשתמר במרכז הספין ובו ניתן לזהות, אולי, להב מאכלת אחוזה במאונך ומימינה שרידי גלימה. העקדה מתוארת גם מעל גומחת ארון הקודש בדורה אירופוס וברצפת הפסיפס של בית־הכנסת בבית־אלפא, אולם בייחוד נפוץ נושא זה באמנות הנוצרית, וזאת משום שבמחשבה הנוצרית שימש סיפור קרבנו של יצחק כפְּרֶפיגורציה (אירוע מבשר) למעשה קרבנו של ישו בצליבה.[46] בהסתמך על המקבילות השונות שבידינו, ובעיקר על פיקסיס (קופסה) מן התקופה הביזנטית המצוי במוזיאון של בולוניה, ניתן להניח שבקדמת התמונה ניצב אברהם, ודמותו, הגדולה מאוד יחסית לשאר הפרטים, תפסה את מרבית שטח הספין.[47] לאור קטע הפסיפס ששרד, לבש אברהם כפי הנראה גלימה לבנה שבשוליה פסים שחורים, ובידו הימנית החזיק את המאכלת כשקצה הלהב משיק לכתפו הימנית. ידו השנייה אחזה בוודאי ביצחק, שתואר מימין קטן יותר,

ΜΝΗCΘΗ ΘΕΙC ΑΓΑΘΟΝ ΒΟΗΘΟC ΑΙΜΙΛΙ
ΟΙ ΜΕΤΑ ΤΕΚΝΩΝ ΕΠΟΙΗCΕΝ ΤΗΝ Τ
ΑΒΛΑΝ ΕΥΛΟΓΙΑ ΑΥΤΟΙC

תיאור עקדת יצחק בפסיפס בית־הכנסת בבית־אלפא, המאה השישית לספירה
Depiction of the Binding of Isaac in the mosaic from the Beth Alpha synagogue, 6th century CE

תיאור עקדת יצחק על־גבי קופסת שנהב מן התקופה הביזנטית. באדיבות המוזיאון העירוני לארכיאולוגיה של בולוניה
Depiction of the Binding of Isaac on an ivory pyxis from the Byzantine period. Courtesy of the Museo Civico Archeologico di Bologna

ליד אברהם ולצדי המזבח שנערך לו. האיל, שראשו נראה, כאמור, בצדו השמאלי של הספין, משלים את תמונת העקדה המוכרת לכדי יחידה שלמה וברורה.

כזכור, לרגלי העץ שבפינת הספין מימין נראים שני זוגות נעליים מונחים במהופך. הנעליים הגדולות הן בוודאי של אברהם והקטנות — של יצחק. פרט זה משקף את המסורת שיצחק היה נער צעיר בזמן העקדה, ולא בן שלושים ושבע כפי הכרונולוגיה הרווחת בספרות חז״ל.[48] בתיאורים הרבים של סיפור העקדה, באמנות היהודית והנוצרית, נראים לא פעם אברהם ויצחק יחפים, אולם לעולם אין הנעליים מונחות לצדם. כדי להבין את הרקע לפרט זה יש להרחיב מעט את התמונה. כידוע, על־פי הסיפור המקראי ציווה אלוהים את אברהם ללכת אל ארץ המוריה, ורק ביום השלישי למסעם נגלה ההר לעיני אברהם מרחוק, וכפי שמסביר המדרש: ״ראה ענן קשור על גב ההר . . .״ (בראשית רבה נו, ב). הענן בא לסמל את השכינה השרויה על המקום שנבחר לעקדה. אברהם ויצחק, שמחזה זה נגלה לעיניהם בלבד, עלו יחדיו אל ההר בהשאירם את החמור עם הנערים מאחור. והנה, לפי מדרש התמונה שלפנינו, בהגיע אברהם ויצחק אל המקום הנבחר לעקדה, חלצו השניים את נעליהם מפני קדושתו — פרט שאינו נזכר כלל בסיפור המקראי. במקומות אחרים מספר לנו המקרא על חליצת נעליים מפני קדושת המקום: משה למול הסנה הבוער (שמות ג: ה) ויהושע למול שר־צבא ה׳ (יהושע ה: טו). חליצת הנעליים המודגשת בסיפורים שלפנינו, מקבלת לפחות במקרה של משה גם ביטוי באמנות היהודית והנוצרית כאחד.[49] היא מוכרת באמנות גם בתיאורי מעמד הר סיני, שבהם נראה משה צועד יחף לקבל את התורה מאת השכינה, כשנעליו, שאך זה חלץ, מונחות מאחוריו.[50] מעשה זה, גם אם אינו נזכר במפורש בסיפור המקראי, נובע מאותה קביעה, שכל מגע עם כוח עליון מחייב חליצת נעליים. תפיסה זו מקורה במקרא, אולם היא מפותחת למשמעות רחבה יותר בספרות חז״ל, כניסוח המדרש:

״כל מקום שהשכינה נגלית אסור בנעילת נעל . . .״ (שמות רבה ב, ו). מסורת זו השפיעה כפי הנראה על עיצובו של התיאור בפסיפס ציפורי. נוכחות השכינה בדמות ענן הקשור להר במקום העקדה מחייבת חליצת נעליים. האמן שעיצב את הספין שלפנינו, או המסורות האמנותיות שעליהן הסתמך, הכירו בעובדה, אולי על רקע המדרשים, שאברהם ויצחק בהגיעם אל מקום העקדה שבו שרתה השכינה חלצו את נעליהם כמתואר כאן לראשונה. אין לדעת אם האמן פירש את הסיפור המקראי באופן עצמאי, או שיש בתיאור זה הד למדרש חז״ל שאבד עם השנים, אך מצא דרכו אלינו דווקא דרך האמנות היהודית. מכל מקום, התיאור עולה בקנה אחד עם המקורות הספרותיים.

הצעת שחזור לתיאור עקדת יצחק
Proposed reconstruction of the depiction of the Binding of Isaac

רצועה 7: ביקור המלאכים אצל אברהם ושרה

הרצועה הסמוכה ביותר לכניסה הראשית לאולם נהרסה ברובה, אבל הפרטים הבודדים ששרדו ממנה, המתבררים לא מעט בזכות המקבילות שבידינו, מאפשרים לשחזר את הנושא שתואר בספין זה.

בצדו השמאלי של הספין נראית מסגרת מלבנית בגווני צהוב מודגשת בקווים שחורים ובתוכה נשתמרו שרידי דמות על רקע אבני פסיפס שחורות. נראה כי לפנינו אישה עוטה צעיף או גלימה, בדומה לדמות של תקופת טבת (רצועה 5), ושערותיה החומות מבצבצות על מצחה מתחת לגלימה. היא ניצבה ככל הנראה במבט חזיתי כשפניה מוסטים מעט לימין, וניתן להבחין בשרידי גלימתה, המודגשת בפס לבן. בקטע אחר, מימין למסגרת, ניתן לזהות אולי שולי בגד, השייך ככל הנראה לדמות אחרת שניצבה כאן. הלאה מימין ומתחת לה ניתן להבחין יפה בפלג גופה התחתון של דמות נוספת, המתוארת בהסיבה. לגופה שמלה, הדומה לזו שלבשו נערי אברהם (רצועה 6) ומעליה עוד גלימה. בניגוד לגוונים הצהבהבים של השמלה, הגלימה עשויה בגווני אדום עם קווי הדגש שחורים. מתחת לדמות זו מסתמנים שרידי יריעה ששוליה מעוטרים בציציות, בדומה למרדעת של החמור שנזכרה לעיל (רצועה 6), וביניהן מבצבץ פס צהבהב, אולי רגל שולחן (ראה הצעת השחזור).

המקבילה האיקונוגרפית המיטיבה להאיר את התמונה שלפנינו היא פסיפס־קיר מהפרסביטריום שבכנסיית סן־ויטלה בראוונה — מאמצע המאה השישית לספירה.[51] במרכז הספין נראים שם שלושת המלאכים, מסובים מאחורי שולחן מלבני, ואברהם ניצב תחת העץ לשמאלם ומגיש להם בין ייט מושטות לפנים מגש עגול עם אוכל. שרה עומדת מאחוריו בפתח האוהל ומביטה החוצה. היא לבושה שמלה ארוכה ועוטה צעיף המכסה את ראשה, כתפיה וידיה. בצדו השני של ספין זה, מימין לשולחן, מתוארת עקדת יצחק.

על רקע הפסיפס מראוונה ותיאורים דומים, ניתן לומר במידה גדולה של ודאות, כי הספין התחתון של בית־הכנסת בציפורי מתאר גם הוא את סיפור ביקורם של המלאכים אצל אברהם באלוני־ממרא (בראשית יח: א־טו). הדמות הניצבת משמאל היא שרה העומדת בפתח האוהל, והמסגרת המלבנית המקיפה אותה היא אוהל בעל גג שטוח. הרקע השחור מציין את האפלולית שבאוהל, בניגוד לאור שבחוץ — פרט המעוצב באופן דומה גם בראוונה. הבגד, ששרידיו המעטים נשתמרו מימין לאוהל, שייך ככל הנראה לאברהם הניצב כשגבו אל שרה ופניו אל האורחים. משלושת המלאכים, שתוארו בחלק הנותר של הספין, רק אחד נשתמר בחלקו. יש להניח שהם הסבו בחצי שכיבה, אולי מסביב לשולחן נמוך מכוסה יריעה או מפה, ששוליה נשתמרו, כאמור, בקצה הפסיפס.

אם, אכן, פענוח זה של הספין נכון, הרי שזוהי הפעם הראשונה שמופיע באמנות היהודית העתיקה תיאור של ביקור המלאכים אצל אברהם, ביקור שבו נתבשר, כידוע, על הולדתו הקרובה של יצחק. הוא מסמל את החשיבות שבמעשה הכנסת האורחים (philoxenia). באמנות הנוצרית רווח הנושא, שכן הוא נתפס גם כפרפיגורציה להתגלות, שהאל מופיע בה כאדם, או כבשורת הולדת ישו שנתבשרה מרים.[52] סיפור זה מצטרף בפסיפס ציפורי אל צמד הספינים שמעליו, המתארים את סיפור העקדה, ויחדיו הם מהווים יחידה איקונוגרפית שלמה בעלת מסר אחד משותף. צירופם של שני נושאים אלה בראוונה, כמו גם, למשל, ב"הגדת הזהב" מספרד מן המאה הארבע־עשרה,[53] עוד מחזק את הזיהוי המוצע כאן.

עקדת יצחק וביקור המלאכים אצל אברהם ושרה, פסיפס־קיר בכנסיית סן־ויטלה, ראוונה, המאה השישית לספירה
The Binding of Isaac and the Angels' Visit to Abraham and Sarah, wall-mosaic
from the Church of San Vitale, Ravenna, 6th century CE

שרה בפתח האוהל
Sarah at the entrance to the tent

הצעת שחזור לתיאור ביקור המלאכים אצל אברהם ושרה
Proposed reconstruction of the depiction of the Angels' Visit to Abraham and Sarah

משמעות המערך האיקונוגרפי בפסיפס

כל אחד מן התיאורים שבפסיפס בית־הכנסת הריהו, כפי שראינו, יחידה איקונוגרפית בפני עצמה. אולם מבחינה תוכנית ורעיונית מתקשר כל תיאור עם התיאור בספינים הסמוכים לו. למעשה, ניתן להצביע על שלושה מוקדים בפסיפס. במוקד הראשון עומדים ביקור המלאכים אצל אברהם ועקדת יצחק; גלגל־המזלות שבספין המרכזי הוא במוקד השני, ובמוקד השלישי החזית האדריכלית עם הסמלים שלצדיה, הקדשת אהרן עם קרבן התמיד, ושולחן לחם־הפנים וסל הביכורים. שלושת המוקדים הללו מצטרפים, לדעתנו, למסר אחד, העומד מאחורי מערך הרצפה כולה. כדי לגלות מה מייצגים המוקדים ולחשוף את הקשר התימטי המאחד את כולם, יש לבחון תחילה את קבוצות־המשנה שבפסיפס ולהצביע על המשמעות המאחדת את כל הפרטים בתוך כל מוקד. רק לאחר מכן נוכל לעמוד על אופיו הכולל של המערך האיקונוגרפי, ולהבין את המסר האידיאולוגי והדתי הגלום בו, הנובע לא רק מן הנושאים שהוא מעלה, אלא מעצם הסדר והמיקום של שלושת המוקדים.

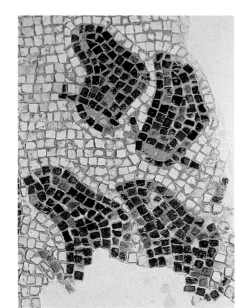

נעליהם של אברהם ויצחק, פרט מרצועה 6
Abraham and Isaac's shoes, detail from Band 6

ההבטחה

המוקד הראשון הוא בשלושת הספינים הקרובים ביותר לכניסה לאולם, מתחת לגלגל־המזלות. הספינים ערוכים בהתאם לסדר השתלשלות האירועים המתוארים בהם לפי הסיפור המקראי. תחילה באים המלאכים אל אברהם ומבשרים לו על הולדתו הצפויה של יצחק (בראשית יח: י; רצועה 7). והנה, משנולד יצחק, מתבקש אברהם להקריב את בנו לעולה (בראשית כב: ב; רצועה 6). הוא מוכן למלא את רצון האל ללא עוררין, אך לנוכח נאמנות מלאה זו, מונע אותו האל מלבצע את מעשהו (שם, יא-יב). לבסוף מעלה אברהם את האיל כקרבן תחת יצחק ואז הוא נושא תפילה, כדברי המדרש: ". . . ריבון העולמים, בשעה שאמרת לי קח את בנך את יחידך היה לי להשיב: אתמול אמרת לי כי ביצחק ייקרא לך זרע ועכשיו אתה אומר לי קח את בנך את יחידך! חס ושלום, לא עשיתי כן, אלא כבשתי רחמי לעשות רצונך, כן יהי רצון מלפניך ה' אלוהינו בשעה שיהיו בניו של יצחק באים לידי צרה, תהא נזכר להם אותה העקדה ותתמלא עליהם רחמים . . ." (בראשית רבה, נו י). תפילה זו היא, לפי מדרש אחר (פסיקתא דרב כהנא, כג ט), הגורם להתגלות השנייה של האל לאברהם: ". . .יען אשר עשית את הדבר הזה ולא חשכת את בנך את יחידך. כי ברך אברכך והרבה ארבה את זרעך ככוכבי השמים וכחול אשר על שפת הים ויירש את שער אויביו . . . עקב אשר שמעת בקולי" (בראשית כב: טז-יח).

הבטחת זרעו של אברהם לעתיד לבוא היא העומדת ביסוד התיאורים שלפנינו. במילים אחרות, אלוהים נשבע לאברהם לא רק שבנו יצחק יירש אותו, אלא שהוא ירבה את בניו, ויברכם ויצילם מכל פורענות. תיאורי הפסיפס נועדו לא רק להציג את הסיפור המקראי כשלעצמו, אלא להמחיש את ההבטחה לעתיד הטמונה בהם. להבטחה זו חלק מהותי, כפי שנראה להלן, במערך האיקונוגרפי הכולל.

מרכזיותו של האל בבריאה

גלגל־המזלות הוא, כאמור, המוקד השני. מיקומו במרכז הרצפה (רצועה 5) מעיד על מרכזיותו במערך האיקונוגרפי ועל תפקידו כחוליה מקשרת בין הנושאים השונים. אף שכל הנושאים המרכיבים את גלגל־המזלות מוכרים מן האמנות הרומית והביזנטית, שילובם לכלל מערך אחד ייחודי לאמנות בתי־הכנסת. השאלה החשובה, מה בעצם מסמל גלגל־המזלות במרכז רצפת בתי־הכנסת העתיקים, העסיקה לא מעט חוקרים. לכולם היה ברור כי יוחסה למוטיב זה משמעות מיוחדת, שבגללה נקבע מקומו דווקא במרכז הרצפה. היו שניסו לקשור אותו ללוח השנה היהודי;[54] אחרים העניקו לו סמליות קוסמית או אפילו אסטרולוגית,[55] ויש שראו בו מין מפתח לאמירת הפיוטים בבית־הכנסת.[56]

דומה כי מעל לכול מייצג גלגל־המזלות את הברכה הטמונה בסדר האלוהי של היקום. סדר זה בא לידי ביטוי בתיאורי התקופות, המזלות, החודשים וגרמי השמים, האחראים כולם למחזוריות הטבע, לצמיחה וליבול.[57] תיאורו של הליוס במרכז גלגל־המזלות מסמל לפי זה את מקומה של השמש במרכז היקום. האנשת השמש כרכב המנהיג את מרכבתו קיימת גם במדרשי חז"ל: "מרכבו ארגמן זה השמש, שהוא נתון למעלה והוא רוכב במרכבה ומאיר לעולם כמה דתימא (כמו שאתה אומר) והוא כחתן יוצא מחופתו וגו'. ומכוח השמש הגשמים יורדים, ומכוח השמש הארץ מעלה פירות . . . " (במדבר רבה, יב ד).

הליוס בדמות רכב במרכבה רתומה לארבעה סוסים, האוחז בכדור ושוט וידו הימנית שלוחה לאות ברכה, מסמל באמנות הרומית את האל המנהיג את העולם.[58] במאה השלישית לספירה זיהו כמה קיסרים את עצמם עם אל השמש, ומימיו של קונסטנטינוס במאה הרביעית — היו הקיסר והליוס פטרונו לאחד. באמנות הרומית המאוחרת מתואר הקיסר שליט העולם, קוסמוקרטור, בדמות סול אינוויקטוס, האל הבלתי־מנוצח, הרוכב במרכבתו עוטה פאר והדר עם כל סממני שלטונו. תכונותיו של

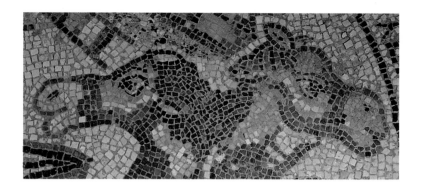

הליוס כשליט יחיד המנהיג את עולמו שימשו מטאפורה גם בדתות אחרות. לא פעם מוצג הליוס עם מיתראס,[59] ואפילו ישו מתואר לעתים בדמות השמש העולה.[60]

כיצד אם כן יש להבין את דמותו של הליוס בגלגל־המזלות של בית־הכנסת היהודי? האם הוא נועד רק להמחיש בדמותו את תפקידה של השמש במרכז היקום, כפי שאומר גם המדרש, או שמא לפנינו מטאפורה מורכבת ועמוקה יותר? בתלמוד מצוי דיון על המקל והכדור, המסמלים את כוחו של השליט בעולם, ובתוך כך משולבת דרשתו של ר' זעירא בנו של ר' אבהו: "אשרי שאל יעקב בעזרו. ומה כתיב בתריה (מה כתוב אחריו)? עושה שמים וארץ. ומה עניין זה לזה? אלא מלך בשר ודם יש לו פטרון. באיפרכיא זו אינו שליט, שמא [שליט] באחרת? ואם תאמר קוזמוקרטור — שליט ביבשה; שמא [אינו שליט] בים? אבל הקב"ה אינו כן: שליט בים ושליט ביבשה . . ." (ירושלמי עבודה זרה ג א, מב ע"ג). ביסוד הדרשה עומדת ההנגדה בין כוחו של הקיסר שליט העולם — הקוסמוקרטור — לבין האלוהים, שהוא, לדברי ר' זעירא, הקוסמוקרטור האמיתי. הוא השליט בים וביבשה ובידו לעשות כל דבר. לשמש אמנם מקום מרכזי בסדרי העולם, כפי שנראה בפסיפס, אולם בסופו של דבר האלוהים הוא המנצח על הבריאה כולה.

תיאור דמות הליוס בתוך גלגל־המזלות אינו מתיימר אפוא להציג את האלוהים במושגי אדם, אלא רק לסמל באופן אלגורי את כוחו ויכולתו של האל בעולם. כשם שהקוסמוקרטור משמש לדרשן התלמודי מטאפורה כדי להמחיש את כוחו של האלוהים, כך מרכבתו של הליוס, העולה בדהרה מהים ונוגעת בגרמי השמים, משמשת לאמן הפסיפס דימוי לבטא באמצעותו אותו רעיון באופן חזותי.[61] וכדי שדימוי זה יהיה מובן לכול, צריך היה האמן להשתמש בשפת הסימנים המוכרת.[62] הליוס במרכבתו היה סמל מוכר של השלטון בעולם, ולפיכך סימל ליהודים בני התקופה את הרעיון שנוסח בדרשה במילים, כי האלוהים הוא הקוסמוקרטור האמיתי וכבודו מלא עולם.

השמן והסולת, פרט מרצועה 4
The oil and flour, detail from Band 4

הליוס הנתון במרכזו של גלגל־המזלות מסמל לדברינו את כוחו ופעולתו של האלוהים כמנצח יחיד על היקום והבריאה. ייתכן כי בשל המשמעויות החמורות הנגזרות מהפירוש המוצע כאן, נמנעו בציפורי מלתאר את דמותו, וזאת בניגוד למה שעשו בחמת־טבריה או בבית־אלפא, למשל. אין ללמוד מכאן מאומה על מידת הקנאות הדתית או האנטי־פגאניות של באי בית־הכנסת של ציפורי, שהרי בתוך גלגל־המזלות שלהם עצמו משולבות דמויות מיתולוגיות, כגון הקנטאור. גם שפע הדוגמאות שהעלה הממצא הארכיאולוגי וגם הידיעה כי כוחה של עבודה זרה תש בתקופת התלמוד, מבטלים אפשרות זו.[63]

הגאולה

במוקד השלישי והאחרון של הפסיפס מצויים הספינים שמעל לגלגל־המזלות, מול הבימה (רצועות 4-2).

החזית האדריכלית שברצועה 2, אף שהיא נפוצה ביותר באמנות היהודית, מעוררת שאלה קשה, שבעצם לא זכתה עד היום למענה ברור ומוסכם באשר למשמעותה ולמשמעות הסמלים היהודיים הנלווים אליה. יש סבורים כי ברצפות פסיפס היא מסמלת את ארון הקודש שהיה בבית־הכנסת, כפי שהוא נראה בפועל.[64] לפי סברה זו, ארון הקודש, על ספרי התורה שבו, עמד בבית־הכנסת העתיק בתוך אדיקולה (היכלית) מעוטרת בעמודים ובגמלון, ומשני צדיה ניצבו המנורות. גם שאר החפצים, למעט המחתה, היו בשימוש בבית־הכנסת ולפיכך שולבו גם הם בתיאור. לפי דעה אחרת קשורים התיאורים שלפנינו במקדש ובפולחן שבו, ובאמנות הם מסמלים את הכמיהה המשיחית לבניין הארץ ולהקמתו של בית המקדש מחדש על הר המוריה.[65] ויש אומרים כי החזית ושאר החפצים מסמלים את שני הדברים גם יחד.[66]

החפצים בפסיפס ציפורי דומים למדי הן בצורתם הן בצירופם יחדיו לתיאורים במקומות אחרים. זהו למעשה תיאור רב־שכבתי, המבקש ליצור זהות בין ארון הקודש והמקדש, אולם מתוך שימת דגש באחרון דווקא. מסתבר כי בתיאור הנפוץ של החזית האדריכלית שולבו פרטים מארון הקודש שעמד בבית־הכנסת או מסביבתו המיידית, כגון התיבה עם דלתות העץ, מנורות שאולי ניצבו לצדיו, או נר תמיד שהיה תלוי מעליו.[67] אולם במקרה ציפורי, צירופם של המחתה והמלקחיים — חפצי פולחן המיוחדים לעבודת הקודש — אל החפצים המקובלים, ובייחוד מיקומם של החפצים בתוך רצף התיאורים הקשורים לעבודת הקרבנות והמקדש, מצביעים על האפשרות שבפסיפס זה מסמלים התיאורים דווקא את המשכן והמקדש.

למעשה מסמלת החזית האדריכלית בפסיפס ציפורי שני דברים שהם מקבילים מבחינה מהותית, רעיונית ודתית. מצד אחד היא נקשרת לתיאור הקדשת אהרן אשר ברצועה שמתחתיה, ויחד עמה היא מציגה את תכנית המשכן: הכיור ומזבח העולה, שניצבו בחצר המשכן מול פתח אוהל מועד, מצויים בפסיפס בדיוק מתחת החזית האדריכלית, המסמלת את פתח המשכן. מצד שני מבטאת החזית, יחד עם שתי הרצועות שמתחתיה, את הכמיהה והציפייה לבנייתו מחדש של בית המקדש, כפי שנראה להלן. זו גם הסיבה שספין זה נקבע בראש הפסיפס, לרגלי הבימה ובכיוון התפילה.

סיפור הקדשת אהרן קשור, כאמור, מבחינת רצף הסיפור המקראי אל המשכו בספין השמאלי שברצועה שמתחתיו (4). אולם מדוע צורפו לשני הספינים הללו שולחן לחם־הפנים וסל הביכורים, המתוארים בהמשך הרצועה? אם רצו לתאר כאן את כלי המשכן, מדוע בחרו דווקא בסל הביכורים, ואם ביקשו להציג את סוגי הקרבנות מדוע הביאו דווקא את שולחן לחם־הפנים? דומה כי לא בכדי! שני התיאורים הללו מצטרפים לכדי מערך איקונוגרפי מובנה, שמאחוריו עומד מסר חד וברור, המצוי גם בדברי המדרש: "אמר הקב"ה כשהייתם מקריבים לחם־הפנים הייתם זורעים מעט ומביאים הרבה, אבל עכשיו זרעתם הרבה והבא מעט . . . כי תאנה לא תפרח, משביטלו הביכורים; ואין יבול בגפנים, משביטלו הנסכים; כחש מעשה זית, משביטל שמן זית למאור . . . גזר ממכלה צאן, משביטלו התמידין; ואין בקר ברפתים, משביטלו הפרים. אמר ר' שמעון בן גמליאל מיום שחרב בית המקדש אין יום שאין בו קללה שנאמר ואל זועם בכל יום. אבל לעולם הבא הקב"ה מחזיר את הברכות שהיתה עושה, שנאמר: ואתם הרי ישראל ענפיכם תתנו ופריכם תשאו לעמי ישראל כי קרבו לבוא . . ." (תנחומא, תצווה י, מהדורת בובר נב).

מדרש זה מצביע על הקשר שבין קרבן התמיד, לחם־הפנים ופירות הביכורים. שלושת המרכיבים האלה היו מקור השפע והברכה לעם ישראל בשנות הטובה, שעה שהמקדש עמד על מכונו: לחם־הפנים הרבה

החצוצרות, פרט מרצועה 4
The trumpets, detail from Band 4

את היבולים, הביכורים השביחו את הפירות והתמידים הרבו את הצאן. אך משחרב בית המקדש, פסק טוב זה מן העולם. אולם כלשון הדרשה, הקב"ה הבטיח לעמו כי לעתיד לבוא יחזיר את הברכה. שלושה מרכיבים אלה, התופסים מקום מרכזי בדרשה, מופיעים זה לצד זה ברצועת הפסיפס הרביעית בציפורי. צירוף שלושת המרכיבים המהווים את צרכיו הקיומיים של האדם — לחם, פירות ובשר — לכלל מערך איקונוגרפי מובנה הוא אפוא אמירה בעלת מסר אסכטולוגי ברור. הבחירה בהם לא באה רק לתאר את הטוב הגשמי שהיה בעולם כאשר בית המקדש עמד על מכונו, אלא לבטא את התקווה כי כשם שבעבר מילא הקב"ה את עולמו כל טוב, בזכות עבודות המקדש, כך עתיד הוא לגאול את עמו, לכונן את המקדש מהריסותיו, להשרות את שכינתו בו ולהחזיר את הטוב לעולם. מסר אסכטולוגי זה, המבטא את תפישת עולמם של יהודי ארץ־ישראל ואת שאיפותיהם הדתיות, שזור כחוט השני על פני הפסיפס כולו.

מכלול התיאורים כמערך מובנה

בקריאת הפסיפס בשלמותו, כמערך אחד מובנה, מתגלה המשמעות של כל אחד מהמוקדים בתוך המסר הכולל: ביקור המלאכים אצל אברהם ועקדת יצחק מסמלים את ההבטחה; גלגל־המזלות מבטא את מרכזיותו של האלוהים בבריאה, בהבטחה ובגאולה; ואילו החזית האדריכלית ושאר הסמלים הקשורים למשכן ולמקדש מסמלים את הגאולה בעתיד.

מעשה העקדה משמש, כידוע, לא פעם סיבה להצלת עם ישראל בעבר או בהווה, ולגאולתו בעתיד. רעיון זה בא לידי ביטוי למשל בדרשה הבאה: "ה' יראה את נזכר להם עקדתו של יצחק אביהם ומתמלא עליהם רחמים, מה כתיב בתריה: 'וישא אברהם את עיניו וירא איל אחר. . .', מהו אחר? אמר ר' יודה בי רבי סימון: אחר כל הדורות עתידין בניך ליאחז בעוונות ולהסתבך בצרות וסופן להיגאל בקרניו של איל הזה . . . כל אותו היום היה אברהם רואה את האיל נאחז באילן זה וניתור ויוצא, נאחז בחורש זה וניתור ויוצא. . . אמר לו הקב"ה: אברהם, כך עתידין בניך נאחזים ומסתבכין במלכויות, מבבל למדי, ממדי ליוון ומיוון לאדום. אמר לפניו: ריבון העולמים, יהיה כן לעולם? אמר לו: וסופן להיגאל בקרניו של איל הזה. . ." (ירושלמי תענית ב ד, סה ע"ד). המסר העומד מאחורי דרשה זו הוא כי הצרות וקשיי היומיום של יהודי ארץ־ישראל לא יימשכו לעולם, אלא יבוא יום ובזכות העקדה יגאל אלוהים את בני בניו של אברהם.

אך לעקדה יש גם היבט חשוב אחר, הקשור לעבודת הקרבנות במקדש.[68] הקשר אינו מתבסס רק על זיהוי הר המוריה עם מקום העקדה, שלימים נבנה עליו בית המקדש, אלא גם על כך שהקרבנות, ובמיוחד שני הכבשים של קרבן התמיד, נועדו, על־פי המסורת, להזכיר לאל את מעשה העקדה: "אותו היום שהעלה אבינו אברהם את יצחק בנו על גבי המזבח תיקן הקב"ה שני כבשים, אחד בשחרית ואחד בן הערביים, שנאמר: 'את הכבש האחד' וגו'. וכל כך למה? שבשעה שישראל מקריבין תמידין על המזבח וקוראין את המקרא הזה 'צפונה לפני ה'' זוכר עקדת יצחק בן אברהם . . ." (ילקוט שמעוני, וירא, רמז צט). המילה "צפונה" מתפרשת בדרשה שלפנינו במשמעות של הצפנה, הטמנה של דבר מסוים, לאמור, שמעשה העקדה צפון בזיכרונו של האלוהים לעולם. לכן דווקא בקרבן הבא מן האיל, שהוא זכר לאיל שהוקרב במקום יצחק, נאמר "צפונה לפני ה'". עבודת הקרבנות במקדש נועדה אפוא, לפי הדרשה, להזכיר לאלוהים את הבטחתו לאברהם, כי יהיה עם בני בניו לעתיד לבוא ויצילם מכל פורענות. כינון המקדש במקום הנבחר וחידוש עבודת הקרבנות בו יחזיר לעולם את הטוב הגשמי. אולם זו תהיה רק ראשיתה של הגאולה המובטחת. אף שחרור מעולה של רומא, כמו גם כפרת עוונות, למשל, הן חלק מהגאולה, שעבודת הקרבנות תקרב אותה.

גלגל־המזלות, המבטא את כוחו של האלוהים ומלכותו בבריאה כולה, הוא למעשה החוליה המקשרת בין העבר לעתיד. מיקומו במרכז הרצפה מבטא את המסר העומד מאחורי סדר כל הספינים בפסיפס, והוא שהאלוהים השליט האמיתי בעולם, זוכר את הבטחתו בעבר לאברהם בהר המוריה, והוא יקים בעתיד את המקדש באותו מקום. כנגד הספינים המתארים את ההבטחה בדמות ביקור המלאכים אצל אברהם ומעשה העקדה, באו הספינים המתארים את העבודה בבית המקדש. אין אלה לפיכך תיאורים אנכרוניסטיים של המשכן או של המקדש שחרב, אלא ביטוי לתקווה שפיעמה בלבות כל היהודים לבנייתו המחודשת של בית המקדש על הר המוריה, ולגאולה שתבוא לבני בניו של אברהם. החזית האדריכלית המתוארת ברצועת הפסיפס השניה אינה מציינת רק את מראה המשכן או המקדש שהיה, אלא מסמלת בד בבד את המקדש העתידי אליו התפללו היהודים בארץ ובתפוצה. בבנייתו קיוו הם לא רק שהטוב הגשמי יחזור לעולם, אלא בסופו של דבר תבוא הגאולה המיוחלת לבני בניו של אברהם.

מסר דידקטי ברור ומוגדר זה מבוטא גם בתפילה, בדרשה ובפיוט.[69] הברכה הראשונה של תפילת העמידה, למשל, הנאמרת שלוש פעמים ביום, ואשר בוודאי גם מתפללי בית־הכנסת בציפורי הכירוה, מדגישה את שלושת המוקדים שציינו: "ברוך אתה ה'. . . האל הגדול הגיבור והנורא, אל עליון . . . וזוכר חסדי אבות ומביא גואל לבני בניהם למען שמו באהבה. . . ברוך אתה ה' מגן אברהם".[70] הברכה, הפותחת בגדולתו של האלוהים בעולם ומזכירה את מעשי האבות ואת הבטחת הגאולה, קושרת את הדברים ומבססת אותם על כוחו של האלוהים ומרכזיותו בבריאה.

רעיון זה, אשר בתפילה בוטא במילים, הובע בפסיפס ציפורי, כמו גם במקומות אחרים, באמצעים חזותיים ותוך כדי שימוש בסמלים שהיו מוכרים באותה תקופה. שטיח הפסיפס בבית־הכנסת של בית־אלפא, שזמנו המאה השישית לספירה, תוכנן באופן דומה.[71] גם שם מצוי גלגל־המזלות במרכז השטיח; מצפון לו ספין המתאר את עקדת יצחק ומדרום חזית אדריכלית, שתי מנורות ושאר הסמלים היהודיים המופיעים בציפורי. אולם, בניגוד לציפורי, התיאורים המסמלים את ההבטחה מצד אחד, ואת בניין המקדש כחלק מתהליך הגאולה מצד שני, מצומצמים שם. עקדת יצחק וחזית אדריכלית עם המנורה וארבעת המינים מופיעים כבר מעל גומחת ארון הקודש של בית־הכנסת בדורה אירופוס מן המאה השלישית לספירה.[72] מיקומם דווקא במקום מרכזי זה, מאשש את הסברה שהם היו בבחינת עדות היסטורית, נבואית, להבטחת האל לעמו.[73] כאמור, רעיון דומה עומד ביסודם של הפסיפסים מבתי־כנסת אחרים במרחב הארץ־ישראלי, כגון חמת־טבריה, נערן וסוסיא, אלא שבהם הוא מופיע בצורה תמציתית בלבד ואילו בציפורי הרעיון מפותח ומשוכלל הרבה יותר.

שטיח הפסיפס בבית־הכנסת בבית־אלפא, המאה השישית לספירה
The mosaic carpet from the synagogue at Beth Alpha, 6th century CE

כתובות בית־הכנסת

פסיפס בית־הכנסת עשיר בכתובות. כמה מהן מלוות או מתארות את התמונות – רובן בעברית ומיעוטן ביוונית. היתר הן כתובות הקדשה – בסטיו הצפוני כולן בארמית ובאולם המרכזי כולן, למעט שתיים, הן ביוונית. חלוקה זו מעניינת ביותר, אולם קשה לדעת מה סיבתה. אפשר שעולם האמנות היה קרוב יותר ללב דוברי היוונית ולפיכך, לאחר שעיטרו את בית־הכנסת בתיאורים ססגוניים כטעמם, גם הוסיפו להם את הכתובות בלשונם. אולם אפשר גם שדוברי היוונית היו אמידים יותר ויכלו להרשות לעצמם לתרום בעבור קישוט ספינים שללא ספק היו יקרים יותר. לכתובות ההקדשה תבנית די אחידה. נוסח הברכה שבהן, בין בארמית ובין ביוונית, דומה למדי לנוסח המוכר לנו מבתי־כנסת אחרים. הכתובות מציינות באופן סתמי את שמות התורמים ומברכות אותם על פועלם. בדרך כלל נזכרים אבי המשפחה וילדיו, שתרמו סכום כסף מסוים, כנראה לעשיית קטע מן הפסיפס. ברוב המקרים אין בכתובות פרטים מזהים על האנשים או על תפקידם בקהילה. המידע שניתן לדלות מן הכתובות מבחינה זו הוא דל, אך בכל זאת אין לבטל את חשיבותן. מגוון הכתובות ומספרן הגדול, המעיד שרבים מבני ציפורי תרמו לבניית בית־הכנסת ודאגו לפארו, גם מעשיר את אוצר השמות העבריים והיווניים שהעלה הממצא האפיגרפי בארץ־ישראל. היחס המספרי בין הכתובות היווניות והארמיות מעיד שהקהילה היתה דו־לשונית בתקופה זו.

הכתובות העבריות

כתובות עבריות מצויות בשלושה ספינים בלבד, אחד מהם הוא גלגל־המזלות. הן נועדו לציין את מהות הדמות או החפץ שלצדן וזאת במילה אחת או שתיים, בכתיב חסר לפי הנוסח המקראי. לצד דמותו של אהרן הכוהן, למשל, כתוב "אהרן", ומעל מרכיבי קרבן התמיד כתוב: "שמן", "סלת" ו"חצוצרת". לצדי שני הכבשים שהועלו כקרבן תמיד מצוין בפסיפס הפסוק המתאים: "את הכבש אחד. . . ואת הכבש השני. . ." (שמות כט:לט; במדבר כח:ד).[74]

בגלגל־המזלות מציינות הכתובות את שמות העונות, החודשים והמזלות עצמם. מבחינה לשונית אין חידושים של ממש בכתובות הללו בהשוואה למה שמוכר ממקומות אחרים. מזל חודש "תשרי" הוא "מוזנים", למשל, מזל "מרחשון" הוא "עקרב", ו"ארי" הוא מזלו של חודש "[א]ב". האות ג' במזל דגים, לעומת זאת, מוכפלת באופן יוצא מן הכלל – "דגגים". צירוף שמות החודשים לשמות המזלות הוא, כאמור לעיל, יוצא דופן. אמנם בעין־גדי מצויה רשימת המזלות ולאחריה כתובים גם שמות החודשים בהתאם, אלא ששם חסר גלגל־המזלות עצמו.[75]

הכתובות הארמיות

הכתובות הארמיות, שכולן, כאמור, כתובות הקדשה, שולבו בדגם המעגלים של שטיח הפסיפס בסטיו הצפוני. שלוש כתובות נשתמרו כמעט בשלמותן במרכז השטיח, ושתיים נוספות, שנשתמרו רק בחלקן, בצדו המערבי. אין ספק כי שטיח זה נמשך לכל אורך רצפת הסטיו, וניתן על כן להניח כי בסך הכול היו בו שלוש־עשרה כתובות.

כתובות נוספות – קרוב לוודאי חמש במספר – נקבעו בצמוד לשטיחי הפסיפס הגיאומטריים שכיסו את קטעי הרצפה שבין העמודים; ארבע מהן נשתמרו בחלקן.

שתי כתובות ארמיות נמצאו גם בשטיח הפסיפס של אולם־התווך, האחת בספין עם קרבן התמיד והשנייה ליד תיאור שולחן לחם־הפנים. בשלב ראשון היתה בספין של שולחן לחם־הפנים כתובת ביוונית ורק מאוחר יותר קבעו במקומה כתובת ארמית, וממנה נשתמרה הפתיחה בלבד.

הכתובות הארמיות קצרות ביותר. הן פותחות בנוסח המקובל "דכיר לטב" (זכור לטוב), או "דכירן לטב" (זכורים לטוב), ולאחר מכן באים שמות התורמים, בלי להזכיר את עצם התרומה. הכתובות מסתיימות במילה "אמן", המופיעה לעתים פעמיים. דוגמה טיפוסית היא הכתובת: "דכיר לטב יודן בר יצחק הכוהן ופריגרי ברתה אמן אמן" (זכור לטוב יודן בר יצחק הכוהן ופריגרי בתו, אמן אמן). אגב, יודן בר יצחק זה הוא בין הבודדים בפסיפס ציפורי שלשמו נלווה גם תואר.

"פריגרי", שמה של בתו, אינו נפוץ כל־כך בין נשים יהודיות, אולם הוא מצוי בין גברים בצורה "פרגוריוס", ומקבילתו בעברית היא "מנחם".[76] בכתובת אחרת נאמר בזו הלשון: "דכירן לטב תנחום בר יודן וסמקה ונהרי בנוי דתנחום אמן" (זכורים לטוב תנחום בר יודן וסמקה ונהרי בניו של תנחום, אמן). שמות בניו של ר' תנחום אינם מצויים בכתובות הקדשה אחרות, אולם הם קיימים באוצר השמות שבספרות התלמודית. סמקה (אדום בארמית) הוא בדרך כלל כינוי לאדמוני, הנוסף לשמו האמיתי. בתלמוד הירושלמי נזכר, למשל, ר' אבא סמוקה (ברכות ט א, יב ע"א), והוא מכונה במקום אחר גם ר' אבא האדמוני (תנחומא בראשית ז, מהדורת בובר ג).[77] במשנה לעומת זאת מצוי השם אדמון כשם פרטי, שנגזר כמובן מן התואר (כתובות יג, ג). סמקה אצלנו נקרא באופן דומה אלא ששמו מופיע בארמית. בנו השני של תנחום נקרא נהרי, שם המוכר בקרב התנאים (נזיר ט, ה) וגם בקרב האמוראים (ירושלמי יבמות א ו, ג ע"א) בארץ־ישראל.

בכתובת סמוכה נזכר אדם ששמו "יוסה בר יודן". בחינת כל הכתובות שנמצאו בפסיפס מורה על קשרי משפחה ברמות שונות בין כמה מן התורמים. ייתכן כי גם יוסה ותנחום היו אחים, בניו של יודן. מסקנה זו מעניינת במיוחד, שכן בכתובת ההקדשה המיוחסת לבית־הכנסת השני בציפורי, המצויה כיום בכנסייה הצלבנית במערב העיר, נזכר אדם בשם "רבי יודן בר תנחום".[78] לא מן הנמנע כי יודן זה הוא אביהם של תנחום ויוסה שתרמו לבית־הכנסת שלנו, ולפיכך תנחום קרוי על שם סבו. אם, אכן, סדר הדורות המוצע כאן נכון, הרי שלפנינו גניאולוגיה בת ארבעה דורות של משפחה אחת, שחיה בציפורי למן המחצית השנייה של המאה הרביעית ועד המאה החמישית לספירה.

הכתובות היווניות

בשטיח הפסיפס המרכזי שבאולם־התווך כל כתובות ההקדשה למעט שתיים הן, כאמור, בשפה היוונית. להוציא כתובת אחת, המקיפה את מרכז גלגל־המזלות — מיקום יחיד במינו בפסיפסי גלגל־המזלות — כל הכתובות, תשע במספר, הן בראשי ספינים. למרבה הצער, רק אחת מבין כולן נשתמרה בשלמותה; האחרות חסרות, או שנפגעו במידה זו או אחרת. יש להניח כי כל הספינים הוכתרו במקורם בכתובות הקדשה, אלא שהן נהרסו.

בהשוואה לכתובות הארמיות, נוסח הברכה בכתובות היווניות מגוון מעט יותר. הנוסח שונה בכל ספין וכך גם אורכה של הברכה. בכתובות היווניות מצוינת ככל הנראה העובדה, שהאנשים הנזכרים בהן בשמותיהם תרמו את הספין או את הרצועה כולה.

לעתים הנוסח מפורש, כגון: פלוני "עשה את כל הטבלה", או "עשה את הטבלה הזאת",[79] אך בשום מקרה אין הכתובות מציינות את סכום הכסף שנתרם.

בכמה כתובות מפורש גם המניע לתרומה, למשל כי התרומה ניתנה למען "הישועה של פלוני ושל בניו". נוסח זה, המוכר מכתובות ארץ־ישראליות אחרות, הוא מעורפל למדי וקשה לקבוע אם כוונתו שהתורם מצפה לישועה חומרית או אולי לגאולת הנפש לעתיד לבוא.[80] שתיים מן הכתובות מלמדות שהמניע לתרומה היה קיום נדר שנדרו התורמים. הכתובת במקרה זה מעידה שהתרומה אכן ניתנה כפי שהבטיח אותו אדם.

כמה מן הכתובות פותחות בציון שמות התורמים, כגון: "הבנים של אלאפאוס . . . עשו את כל הטבלה". כתובות אחרות מקדימות לשם התורמים ברכה, שהיא תרגום של הנוסח המקובל בעברית או בארמית "דכיר לטב" (זכור לטוב). רוב הכתובות חותמות במילים: "תבוא עליו/עליהם ברכה", שגם הן תרגום מן הנוסח העברי או הארמי הרווח בבתי־הכנסת. כך, למשל, מנוסחת הברכה המעטרת את הספין המתאר את שני הנערים לרגלי הר המוריה (רצועה 6): "ייזכר לטובה ביתוס בן אמיליוס עם ילדיו, שעשה את הטבלה. תבוא עליהם ברכה, אמן". המילה "אמן" באותיות עבריות חותמת את הברכה, כמו בכתובות הארמיות ולעיתים גם ביווניות.[81]

מלבד לכתובות הקדשה משמשת היוונית, לצד העברית, גם לכותרות המגדירות את עונות השנה בגלגל־המזלות. פרט זה אינו מוכר מגלגלי־מזלות אחרים. קשה לומר מדוע דווקא בתיאורי העונות, ולא בחודשים, למשל, תרגמו את השמות ליוונית. אולם ברור שאין להסיק מכאן שהשפה היוונית היתה שגורה יותר מן הארמית או העברית על פי תושבי המקום.

כתובת ההקדשה ביוונית המקיפה את מרכז גלגל־המזלות
Greek dedicatory inscription surrounding the center of the zodiac

סיכום

חשיפת בית־הכנסת שמראשית המאה החמישית לספירה בציפורי מוסיפה נדבך חשוב לחקר בתי־הכנסת העתיקים בארץ־ישראל. לאחר גילויו האקראי של בית־הכנסת בבית־אלפא לפני למעלה משישים שנה וכשלושים שנה לאחר חשיפתו של בית־הכנסת בחמת־טבריה, נתווסף עתה אליהם ולכל שאר בתי־הכנסת במרחב הארץ־ישראלי בית־הכנסת של ציפורי. חשיבותו הרבה של הממצא לא רק בכך שזו הפעם הראשונה שנחשף בית־כנסת המשולב היטב במערך העירוני של אחד ממרכזי היישוב היהודי החשובים בתקופה זו, אלא משום שיש בבית־כנסת זה חידושים לא מעטים, הן בתחום האדריכלות הן בתחום האמנות היהודית בעת העתיקה.

מוקדם עדיין לקבוע, האם מיקומו של בית־הכנסת בעיבורי העיר מורה על התפרשותה הנרחבת של הקהילה היהודית בציפורי בתקופה הביזנטית, או שהוא מבטא מצב הפוך — של דחיקת הקהילה לשולי העיר בידי האוכלוסייה הלא־יהודית. מכל מקום, חשיבותו של בית־כנסת זה (כמו גם של בית־הכנסת שנתגלה במערב העיר) בכך שהוא מעיד על קיומה של קהילה יהודית שוקקת בציפורי גם במאות החמישית והשישית לספירה, תקופה שהמידע עליה במקורות הכתובים דל ביותר.

איכותו האדריכלית של בית־הכנסת איננה מן המשובחות וגם תכניתו פשוטה למדי. אך תכנית זו מעמידה סימני שאלה לא מעטים לצד כמה מהמסקנות רמחקר בתי־הכנסת העתיקים. בניית אולם מאורך בעל סטרה אחת, חסרון האפסיס הטיפוסי לבתי־הכנסת הביזנטיים וכיוון התפילה שלא לכיוון ירושלים הם כולם מאפיינים ייחודיים, המעידים, כפי הנראה, שתכנית בית־הכנסת העתיק היתה מגוונת יותר מכפי שסברו עד כה. ייתכן כי מאפיינים אלו מקורם באילוצים מקומיים, אולם היכולת והנכונות לוותר על כמה מן המרכיבים הקבועים לכאורה נובעת כנראה מכך שבתקופה זו לא היתה עדיין תכנית אחידה ומחייבת לבתי־הכנסת, תופעה המוכרת גם בכמה בתי־כנסת נוספים שנחשפו באזורנו בשנים האחרונות.

אולם מעל לכול נובעת חשיבותו של בית־הכנסת ממגוון התיאורים בפסיפס ומעושרם האיקונוגרפי, כמו גם מן הרצף הסיפורי והאידיאי שלהם, אשר כמותם טרם נמצאו עד היום בבתי־הכנסת במרחב הארץ־ישראלי. פסיפס ציפורי מעיד על זיקה מסוימת לציורי־הקיר של בית־הכנסת בדורה אירופוס שבסוריה, זיקה שאיננה מצטמצמת רק לאופן ארגון הספינים ולבחירת הנושאים. שני המקומות הם עדות לכך שיהודים נהגו לעטר את בתי־הכנסת בתיאורים סיפוריים מן המקרא. פסיפס ציפורי שמראשית המאה החמישית לספירה הוא אפוא חוליה מקשרת בין אמנות דורה אירופוס שמראשית המאה השלישית וכתבי־היד המאוירים שמן התקופה הביזנטית המאוחרת ועד ימי הביניים. ויתרה מזו, באיורי פסיפס ציפורי יש אולי משום עדות, עקיפה אמנם, לקיומם של כתבי־יד מאוירים לספרי המקרא בקרב יהודים — ואיורים אלה הם שהיו אולי דגם לאמני פסיפס ציפורי.

בחירת התיאורים בפסיפס וארגונם במערך הרצפה בשלושה מוקדים מכוונים לבטא מסר אחד ברור: אלוהים, העומד במרכז הבריאה, בחר בעמו ישראל; ובזכות ההבטחה שנתן לאברהם בהר המוריה, לעתיד לבוא יקים את המקדש ויגאל את בני בניו. רעיון זה, החוזר בתפילה, בדרשה ובפיוט של התקופה, מועבר באמצעים אמנותיים כמסר ברור לבני הקהילה בציפורי, בדבר בנייתו המחודשת של המקדש והגאולה העתידה. ייתכן כי יש לראות במסר זה שבפסיפס הד לדיאלוג היהודי־נוצרי בשאלות מיהו העם הנבחר, האם עתיד המקדש להיבנות ומיהו המשיח שבימיו תבוא הגאולה,[82] דיאלוג שהדיו עולים גם מדרשות חז"ל ומכתבי אבות הכנסייה.[83]

ניתוח מרכיבי הפסיפס השונים מעיד באופן ברור מה היו המקורות הספרותיים שעמדו לעיני מי שעיצב את הרצפה. ביסוד התיאורים עומדת, לצד הטקסט המקראי, התפישה המדרשית, כפי שהיא באה לידי ביטוי בספרות חז"ל. לא רק עיצוב כמה מן המוטיבים שבפסיפס נעשה בהשראתה, אלא שעצם בחירת הנושאים ומיקומם בתוך מערך הרצפה יוצר קומפוזיציה רעיונית שלמה, ששורשיה נטועים בספרות חז"ל.

בית־הכנסת שלו הוקדש דיוננו הוא גולת־הכותרת של ממצאי חפירות ציפורי, אך יד החופרים באתר עודה נטויה. אין ספק שבעיר זו, מקום מושבם של יהודים במשך דורות רבים, קיים סיכוי רב לגילוי בתי־כנסת נוספים. למעלה מזאת, מצוי כאן גם הסיכוי לחשוף במשך הזמן רצף כרונולוגי של בתי־כנסת — מימי הבית ועד לתקופה הערבית הקדומה — וכך אולי כאן יימצא הפתרון לפער הקיים כיום מבחינה ארכיאולוגית בין בתי־הכנסת של סוף ימי בית שני ואלו שנבנו למן המאה השלישית ואילך.

הערות

1 י' גייגר, "המרד בימי גאלוס ופרשת בניין הבית בימי יוליאנוס", *ארץ־ישראל מחורבן בית שני ועד הכיבוש המוסלמי* (בעריכת צ' ברס ואחרים), ירושלים תשמ"ב, עמ' 202-217; S. P. Brock, "A Letter Attributed to Cyril of Jerusalem on the Rebuilding of the Temple", *Bulletin of the School of Oriental & African Studies*, 40 (1977), pp. 267–286

2 לסיכום הממצאים בציפורי ראה: ז' וייס וא' נצר, *ציפורי*, ירושלים תשנ"ה; Ze'ev Weiss and Ehud Netzer, "New Evidence for Late Roman and Byzantine Sepphoris", *The Roman and Byzantine Near East: Recent Archaeological Research* (*Journal of Roman Archaeology Supplementary Series*, 14), Ann Arbor, MI 1994, pp. 162–176

3 J. F. Strange et. al., "Zippori", *Excavations and Surveys in Israel*, 13 (1993), pp. 29–30

4 J. Balty, "La mosaique antique au Proche Orient", *Aufstieg und Niedergang der Römischen Welt*, 12:2 (1981), pp. 347–429

5 א' אופנהיימר, "ייחודו של בית־המדרש", *קתדרה*, 18 (תשמ"א), עמ' 45-48.

6 R. P. Viaud, *Nazareth*, Paris 1910, pp. 179–184

7 י' נוה, *על פסיפס ואבן*, תל־אביב תשל"ח (להלן: נוה, *על פסיפס ואבן*), עמ' 51-52.

8 ל' רוט־גרסון, *הכתובות היווניות מבתי־הכנסת בארץ־ישראל*, ירושלים תשמ"ז (להלן: רוט־גרסון, *הכתובות היווניות*), עמ' 105-110.

9 על מימון בתי־הכנסת בתקופה הרומית־ביזנטית באופן כללי, ראה: ז' ספראי, "מימון הקמת בתי־כנסת בארץ־ישראל בתקופת המשנה והתלמוד", *בתי־כנסת עתיקים* (בעריכת א' אופנהיימר ואחרים), ירושלים תשמ"ח, עמ' 77-95.

10 נוה, *על פסיפס ואבן*, עמ' 57-59.

11 מ' דותן, "בתי־הכנסת בחמת־טבריה", *קדמוניות*, א (תשכ"ט), עמ' 123.

12 להלן נשתמש בכיוונים מוחלטים — מזרח או מערב — בלי להזכיר את הנטייה צפונה, אולם ברור כי יש להביא אותה בחשבון.

13 בבית־הכנסת הקדום בחמת־טבריה (שכבה 2ב) שימשה הסטרה המזרחית כפי הנראה חדר כניסה, מעין נרתקס, ראה: ז' וייס, "בית־הכנסת משכבה 2 בחמת־טבריה — הצעת שחזור", *ארץ־ישראל*, כג (תשנ"ב), עמ' 320-326. החצר או חדר מאורך בחזית הבניין שימשו בכמה מבתי־הכנסת האחרים לאותה מטרה, ראה למשל: D. Barag, Y. Porat and E. Netzer, "The Synagogue at En-Gedi", L. I. Levine (ed.), *Ancient Synagogues Revealed*, Jerusalem 1981 (להלן: ברג ואחרים, עין־גדי), עמ' 116-119. חלל נוסף המצוי קודם הכניסה אל אולם התפילה של בית־הכנסת נזכר במדרש: "אמר הקדוש ברוך הוא: אם הלכת להתפלל בתוך בית־הכנסת, אל תעמוד על הפתח החיצון להתפלל שם אלא הווי מתכוון להיכנס דלת לפנים דלת" (דברים רבה ז, א).

14 ירושלמי ברכות ד א, ז ע"ד.

15 ש' ספראי, "האם היתה קיימת עזרת נשים בבית־הכנסת בתקופה העתיקה?", *תרביץ*, לב (תשכ"ג), עמ' 329-338. לדעת ז' ספראי, ההפרדה בין גברים ונשים ובעקבותיה בניית גלריה מיוחדת לנשים, החלה רק בשלהי העת העתיקה. ראה: Z. Safrai, "Dukhan, Aron and Teva: How was the Ancient Synagogue Furnished?", R. Hachlili (ed.), *Ancient Synagogues in Israel*, (*BAR International Series*, 499), Oxford 1989, pp. 78–79

16 על התיבה, הבימה וכיווני בית־הכנסת ראה: ז' וייס, "מתי החלו מורידין שליח ציבור לפני התיבה?", *קתדרה*, 55 (תש"ן), עמ' 8-21; י' לוין, "ממרכז קהילתי למקדש מעט: הריהוט והפנים של בית־הכנסת העתיק", *קתדרה*, 60 (תשנ"א), עמ' 70-74; ד' עמית, "על מקור תכניותיהם של בתי־הכנסת בדרום הר יהודה", *קתדרה*, 68 (תשנ"ג), עמ' 6-35.

17 E. L. Sukenik, "The Ancient Synagogue at Yafa Near Nazareth – Preliminary Report", *Louis M. Rabinowitz Fund Bulletin*, 2 (1951), pp. 6–24; N. Makhouly and M. Avi-Yonah, "A Six Century Synagogue at Isfiya", *The Quarterly of the Department of Antiquities in Palestine*, 3 (1934), pp. 118–131; ש' דר, "בית־הכנסת של סומקה על הכרמל — סקירה מוקדמת", *בתי־כנסת עתיקים* (בעריכת א' אופנהיימר ואחרים), ירושלים תשמ"ח, עמ' 213-230.

18 על תכניות בתי־הכנסת שנחשפו עד היום במרחב הארץ־ישראלי, ראה: ג' פרסטר, "בתי־הכנסת בגליל", *ארצות הגליל* (בעריכת א' שמואלי ואחרים), חיפה תשמ"ג, עמ' 231-256; צ' אילן, *בתי־כנסת קדומים בארץ־ישראל*, תל־אביב תשנ"א; R. Hachlili, *Ancient Jewish Art and Archaeology in the Land of Israel*, Leiden 1988, pp. 141–160

19 M. Dothan, *Hammath Tiberias*, Jerusalem 1983 (להלן: דותן, *חמת־טבריה*), עמ' 33-52; E. L. Sukenik, *The Ancient Synagogue of Beth Alpha*, Jerusalem 1932 (להלן: סוקניק, *בית־אלפא*), עמ' 21-43; L. H. Vincent, "Le sanctuaire juif d'Ain Douq", *Revue Biblique*, 28 (1919), pp. 532–563; L. H. Vincent and B. Carriere, "La synagogue de Noarah", *ibid.*, 30 (1921), pp. 579–601

20 C. H. Kraeling, *The Excavations at Dura Europos: The Synagogue* (Final Report 8: 1), New Haven 1956 (להלן: קרלינג, *דורה אירופוס*), עמ' 66-70.

21 רמז לכך מצוי בקטע גניזה לירושלמי המכוון ככל הנראה לבית־הכנסת: "ביומי דר' יוחנן שרון ציירין על כותלייה ולא מחי בידון . . ." (עבודה זרה ג ג, מב ע"ד) וראה: י"נ אפשטיין, "לשרידי הירושלמי", *תרביץ*, ג (תרצ"ב), עמ' 20; וכן: J. B. Baumgarten, "Art in the Synagogue, Some Talmudic Views", *Judaism*, 19 (1970), pp. 196–206. גושי טיח צבעוני שנמצאו בבית־הכנסת הקדום בחמת־טבריה ובזה של רחוב מעידים שקירותיהם היו מעוטרים בציורי־קיר. ראה: דותן, *חמת־טבריה*, עמ' 22; F. Vitto, "The Synagogue at Rehob", L. I. Levine (ed.), *Ancient Synagogues Revealed*, Jerusalem 1981, pp. 91–93

22 קרלינג, למשל, מצביע על צפון מסופוטמיה או מזרח סוריה כמקור אפשרי לציורי־הקיר בדורה אירופוס, ראה: קרלינג, *דורה אירופוס*, עמ' 390-392; גוטמן לעומתו סובר כי בית־כנסת שהיה בפלמירה, הסמוכה לדורה אירופוס, שימש מקור לאותם ציורים, ראה: J. Gutmann, "The Dura Europos Synagogue Paintings: The State of Research", L. I. Levine (ed.), *The Synagogue in Late Antiquity*, Philadelphia 1987, pp. 62–65

23 ראה: דותן, *חמת־טבריה*, עמ' 49-50; E. L. Sukenik, *The Ancient Synagogue of El-Hammeh*, Jerusalem 1935, pp. 35–36; מ' אבי־יונה, "רצפת הפסיפס של בית־הכנסת במעון (נירים)", *ארץ־ישראל*, ו (תשכ"א), עמ' 89-90, לוח כב/1; סוקניק, *בית־אלפא*, עמ' 32-34.

24 נ' אביגד, *בית שערים*, ג, ירושלים תשל"ו (להלן: אביגד, *בית שערים*), עמ' 99-102; H. Kohl and C. Watzinger, *Antike Synagogen in Galilaea*^{2}, Osnabrück 1975, pp. 72–73

25 לדעת גודינאף מסמל האריה את כוחו של אלוהים, המגן על מה שהאריה ניצב לצדו, ראה: E. R. Goodenough, *Jewish Symbols in the Greco-Roman Period*, VII, Princeton 1958 (להלן: גודינאף, *סמלים יהודיים*), עמ' 29-37, 78-86.

26 תיאור זה חריג באמנות היהודית, אך גם על בסיסי "זכוכית זהב" מרומא מתוארים ארבעת המינים נתונים בכלי בעל בסיס מחודד, ראה: C. R. Morey, *The Gold-Glass Collection of the Vatican Library* (edited by G. Ferrari), Vatican City 1959, 4, p. 27, no. 114

27 השווה לדותן, *חמת־טבריה*, לוח 28.

28 V. Spinazzola, *Le Arti Decorative in Pompei e nel Museo Nazionale di Napoli*, Milano 1928, pp. 238, 278

29 C. O. Nordström, "The Temple Miniatures in the Peter Comestor Manuscript at Madrid", J. Gutmann (ed.), *No Graven Images*, New York 1971, pp. 39–74

30 ראה: י' מגן, "בתי־כנסת שומרוניים", *קדמוניות*, כה (תשנ"ג), (להלן: מגן, בתי־כנסת שומרוניים), עמ' 70-72.

31 עיטור דומה על בגדו על אהרן מצוי בציור בדורה אירופוס שיידון להלן, אולם שם חסרים הפעמונים. ראה: קרלינג, *דורה אירופוס*, עמ' 127-128.

32 פעמונים תלויים נראים בבירור על שולי גלימתו של אהרן בתיאור הקדשתו למשכן באוקטטכים, ראה: Vatican, Cod. Gr. 746, fol. 242v: D. C. Hesseling, *Miniatures de l'Octateuque grec de Smyrne*, Leyde 1909, p. 63, figs. 197–198. וראה גם להלן, הערה 39.

33 השווה שמות כט: לט, ששם נאמר: "את הכבש האחד". היות והספין שלפנינו קשור לתיאור בשמות, כפי שנראה להלן, לא מן הנמנע שהאות ה' נשמטה כאן במקרה, ואולי היה בידי האומן נוסח אחר.

34 י' צפריר, *ארץ־ישראל מחורבן בית שני ועד הכיבוש המוסלמי: הממצא הארכיאולוגי והאמנותי*, ירושלים תשמ"ה, עמ' 366-369.

35 ב' באייר, "לזיהויו של כלי התקיעה בפסיפס בית־הכנסת השומרוני של אל־ח'ירבה", *קדמוניות*, כו (תשנ"ג), עמ' 66-67. צמד חצוצרות מתוארות גם על קשת טיטוס ובמטבעות בר כוכבא, ראה: L. Yarden, *The Spoils of Jerusalem on the Arch of Titus: A Re-investigation*, Stockholm 1991, pp. 101–106; Y. Meshorer, *Ancient Jewish Coinage*, 2, New York 1982, pp. 148–149

36 קרלינג, *דורה אירופוס*, עמ' 125-131.

37 קרלינג, *דורה אירופוס*, עמ' 130-131; K. Weitzmann and H. L. Kessler, *The Frescoes of the Dura Synagogue and Christian Art*, Washington 1990 (להלן: וייצמן וקסלר, *ציורי־הקיר*), עמ' 59-62. המקור לספין המתאר את הקדשת אהרן בדורה אירופוס (ככל הנראה כתב־יד מעוטר) היה זמין לדעת קסלר לאמנות הביזנטית הקדומה והשפיע על האוקטטכים (ראה להלן). משם עבר אל כתבי־היד וציורי־הקיר מימי הביניים המתארים גם הם את הקדשת אהרן לעבודת המשכן, ראה: H. L. Kessler, "Through the Temple Veil: The Holy Image in Judaism and Christianity", *Kairos*, 32–33 (1990–91), pp. 53–77

38 כתבי־היד של חיבור זה שהגיעו לידינו הם מהמאה התשיעית והאחת־עשרה לספירה. E. Revel-Neher, "Some Remarks on the Iconographical Sources of the Christian Topography of Cosmas Indicopleustes", *Kairos*, 32–33 (1990–91), pp. 78–96; B. Kühnel, "Jewish Symbolism of the Temple and the Tabernacle and Christian Symbolism of the Holy Sepulchre and the Heavenly Tabernacle", *Jewish Art* (*JJA*), 12–13 (1986–87) עמ' 147-168 ובייחוד עמ' 160-162.

39 L. Brubaker, "The Tabernacle Miniatures of the Byzantine Octateuchs", *Actes du XVe Congrès International d'Etudes Byzantines* (1976), 2, Athens 1981, pp. 73–92. על האוקטטכים בכלל, ראה: J. Lowden, *The Octateuchs*, Pennsylvania 1992

40 T. Metzger, "Quelques caractères iconographiques et ornamentaux de deux manuscrits hébraïques du Xe siècle", *Cahiers de Civilisation Médiévale, Xe-XIIe Siècles*, 1 (1958), pp. 205–213; C. O. Nordström, "Some Hebrew Miniatures in Hebrew Bible", A. Grabar (ed.), *Synthronon, Art et Archéologie de la fin de l'Antiquité et du Moyen Age*, Paris 1968, pp. 89–105, figs. 4, 14

41 שולחן לחם־הפנים בדורה אירופוס מתואר באופן דומה: הוא ניצב בחזית המשכן לצד המנורה בספין המתאר את נס המים במדבר, ראה: קרלינג, *דורה אירופוס*, עמ' 119. שולחן לחם־הפנים מתואר ככל הנראה גם בפסיפס בית־הכנסת השומרוני שבאל־ח'ירבה. גם שם הוא עגול ובעל שלוש רגליים, אלא שאינו מכוסה מפה כמו בציפורי, והכלים שעליו שונים, ראה: מגן, בתי־כנסת שומרוניים, עמ' 71-72. לא מן הנמנע כי מדובר במסורת אמנותית אחת, החורגת מן המתואר במקרא ובספרות התלמודית.

42 על גלגל־המזלות באמנות היהודית ראה: R. Hachlili, "The Zodiac in Ancient Jewish Art: Representation and Significance", *Bulletin of the American Schools of Oriental Research*, 228 (1977), pp. 61–77; ג' פרסטר, "גלגל־המזלות בבית־הכנסת ומקורותיו האיקונוגרפיים", *ארץ־ישראל*, יח (תשמ"ה), (להלן פרסטר, גלגל־המזלות), עמ' 380-391.

43 ראה הדיון להלן בפרק על הכתובות.

44 פרסטר, גלגל־המזלות, עמ' 382.

45 בית־הכנסת בחמת־טבריה (שכבה 2א) נבנה לאחר רעש האדמה של שנת 306 לספירה, ראה: דותן, *חמת־טבריה*, עמ' 66-67. ניתוח סגנוני של רצפת הפסיפס שלו מורה כי יש לתארכה לזמן מאוחר יותר במהלך המאה, ראה: ר' טלגם, "רצפות פסיפס בטבריה", *טבריה מייסודה עד הכיבוש המוסלמי, עידן*, 11, (בעריכת י' הירשפלד), ירושלים תשמ"ח, עמ' 123-125.

46 I. Speyart van Woerden, "The Iconography of the Sacrifice of Abraham", *Vigiliae Christianae*, 15 (1961), pp. 214–255; J. Gutmann, "The Sacrifice of Isaac: Variations on a Theme in Early Jewish Art and Christian Art", D. Ahrens (ed.), *Thiasos ton Mouson*, Köln 1984, pp. 115–122

47 D. V. Ainalov, *The Hellenistic Origins of Byzantine Art*, New Brunswick 1961, pp. 94–97, fig. 49

48 מתוך דרשתו של ר' יוסי בן זמרא (סנהדרין פט ע"ב), משתמע כי יצחק היה בן שנתיים בעת העקדה, ואילו לפי המקורות הסוריים היה בן שמונה, ראה: A. Levene (ed.), *The Early Syrian Fathers on Genesis*, London 1951, p. 95. למקורות התלמודיים ראה: תרגום יונתן בן עוזיאל לבראשית כב: א וכן בראשית רבה נח, ה ובהערות שם (מהדורת אלבק, עמ' 623).

49 קרלינג, *דורה אירופוס*, עמ' 228-232; Vatican, Cod. Gr. 699 fol. 61v: Cosmas Indicopleustès, *Topographie Chrétienne*, (ed. W. Wolska Conus), 2, p. 167

50 Psautier, Ms. grec 139, fol. 422: H. A. Omont, *Miniatures des plus anciens manuscrits grecs de la Bibliothèque nationale du VIe au XIVe siècle*, Paris 1902, pp. 8–9, Pl. X

51 O. Demus, *Byzantine Mosaic Decoration*, London 1947, fig. 41

52 על המשמעות העומדת מאחורי תיאור זה בתיאולוגיה ובאמנות הנוצרית, ראה: L. Thunberg, "Early Christian Interpretations of the Three Angels in Gen. 18", *Studia Patristica*, 8 (1966), pp. 560–570; H. M. von Erffa, *Ikonologie der Genesis*, München 1995, II, pp. 91–103

53 B. Narkis, *The Golden Haggadah: A Fourteenth Century Illuminated Hebrew Manuscript in the British Museum*, fol. 3, London, 1970 p. 25

54 M. Avi-Yonah, *Art in Ancient Palestine*, Jerusalem 1981, pp. 396–397; דותן, *חמת־טבריה*, עמ' 49-47.

55 גודינאף, *סמלים יהודיים*, VIII, עמ' 218-167.

56 י' יהלום, "גלגל־המזלות בפיוט הארץ־ישראלי", *מחקרי ירושלים בספרות עברית*, ט (תשמ"ו), עמ' 322-313.

57 ג' פרסטר, "גלגל־המזלות בבתי־הכנסת בעת העתיקה ומקומו במחשבה ובליטורגיה היהודית", *ארץ־ישראל*, יט (תשמ"ז), עמ' 234-225.

58 ראה: C. Letta, "Sol", *Lexicon Iconographicum Mythologiae Classicae (LIMC)*, IV, 1–2, Zürich und München 1986, pp. 592–625

59 ראה למשל: M. J. Vermaseren, *Corpus Inscriptionum et Monumentorum Religionis Mithriacae*, 2, The Hague 1956, pp. 117–118, no. 1292; M. Clauss, *Mithras Kult und Mysterien*, München 1990, pp. 153–160

60 J. Toynbee and J. Ward-Perkins, *The Shrine of St. Peter and the Vatican Excavations*, London 1959, pp. 73–74; R. Milburn, *Early Christian Art and Architecture*, Berkeley and Los Angeles 1988, pp. 38–41

61 גם בפסיפס חמת־טבריה בוקעת המרכבה מבין גלי הים, הממלאים את שוליו התחתונים של העיגול הפנימי, והירח וכוכב אחד נראים מצדו של הליוס שבמרכז, ראה: דותן, *חמת טבריה*, עמ' 40, לוח 1:29.

62 על השימוש בסמלים אצל יהודים ועל המשמעות הטמונה בהם, ראה: E. J. Bickerman, "Symbolism in the Dura Synagogue, A Review Article", *Harvard Theological Review*, 58 (1965), pp. 127–151

63 א"א אורבך, "הלכות עבודה זרה והמציאות הארכיאולוגית וההיסטורית במאה השנייה והשלישית", *ארץ־ישראל*, ה (תשי"ט), עמ' 205-189; אביגד, *בית שערים*, ג', עמ' 208-201.

64 J. C. Sloane, "The Torah Shrine in the Ashburnham Pentateuch", *Jewish Quarterly Review 25* (1934), pp. 1–12; דותן, *חמת־טבריה*, עמ' 39-33.

65 E. Revel-Neher, "L'Alliance et la Promesse: le symbolisme d'Eretz Israël dans l'iconographie juive du moyen age", *JJA*, 12–13 (1986–87), pp. 135–146

66 רות מבחין בין תיאורי החזיתות השונים: במקומות שהארון פתוח ונראים ספרי התורה שבו, כמו ב"זכוכיות הזהב" או בבית־שערים, הרי שמדובר בארון־קודש, אולם כאשר הדלתות סגורות, יש לפרש את המוטיב כמסמל מקדש, ראה: S. Roth, "Jewish Antecedents of Christian Art", *Journal of the Warburg and Courtauld Institutes*, 16 (1953), pp. 24–44

67 ראה לדוגמה: Z. Yeivin, "Khirbet Susiya – The *Bema* and Synagogue Ornamentation", R. Hachlili (ed.), *Ancient Synagogues in Israel (BAR International Series,* 499), Oxford 1989, pp. 93–98; ד' עמית, "מנורת שבעת הקנים מפוסלת בשיש מחפירות בית־הכנסת במעון", *דברי הקונגרס העולמי העשירי למדעי היהודות*, ב: 1, ירושלים תש"ן, עמ' 60-53; א"מ מאיירס, "ארון הקודש של נברתין", *קדמוניות* טו (תשמ"ב), עמ' 81-77; C. L. Meyers and E. M. Meyers, "The Ark in Art: A Ceramic Rendering of the Torah Shrine from Nabratein", *Eretz Israel*, 16 (1982), pp. 176*–185*

68 ראה למשל תרגום ניאופיטי לבראשית כב: ב: A. D. Macho, *Neophyti*, 1, *Genesis*, Madrid-Barcelona 1968, p. 125; בראשית רבה נו, ב. על עקדת יצחק במקורות השונים, ראה: G. Verms, *Scripture and Tradition in Judaism*, Leiden 1961, pp. 193–227

69 י' יהלום, "המקדש והעיר בראי העיר", *ספר ירושלים: התקופה המוסלמית הקדומה* (בעריכת י' פראוור), ירושלים תשמ"ז, עמ' 223-215.

70 י"מ אלבוגן, *התפילה בישראל בהתפתחותה ההיסטורית*, תל־אביב תשל"ב, עמ' 34-33. קימלמן סובר כי הגאולה היא המוטיב המרכזי המאחד את כל ברכות העמידה, ראה: R. Kimelman, "The Daily Amidah and the Rhetoric of Redemption", *Jewish Quarterly Review*, 79 (1989), עמ' 197-165, בייחוד 182-180.

71 סוקניק, *בית־אלפא*, עמ' 34-22, 42-40.

72 קרלינג, *דורה אירופוס*, עמ' 62-54.

73 וייצמן וקסלר, *ציורי־הקיר*, עמ' 174.

74 חילוף ס' בש', כמו כאן במילה "כבש", מצוי בכתובות העבריות והארמיות, ראה: נוה, *על פסיפס ואבן*, עמ' 15.

75 ראה: בר"ג ואחרים, עין־גדי, עמ' 118; ב' מזר, "כתובת על רצפת בית־הכנסת בעין־גדי", *תרביץ*, מ (תשל"א), עמ' 23-18. זיהוי המזל עם החודש מצוי גם בטקסט ארמי מקומרן, ראה: J. T. Milik, *The Book of Enoch,* Oxford 1976, p. 187. הדבר חוזר גם בפיוטים, ראה: ע' פליישר, "בירורים בבעיית ייעודם הליטורגי של פיוטי קידוש ירחים", *תרביץ*, מב (תשל"ג), עמ' 363-337.

76 ב' מזר, *בית שערים*, א, ירושלים תשי"ח, עמ' 137; W. Horbury and D. Noy, *Jewish Inscriptions of Greco-Roman Egypt*, Cambridge 1992, no. 143

77 ר' טייפה סמוקה, חכם ארץ־ישראלי בן המאה הרביעית לספירה, נקרא כך מאותה סיבה, ראה ירושלמי, דמאי ג ד, כג ע"ג.

78 ראה לעיל, עמ' 11, וכן נוה, *על פסיפס ואבן*, עמ' 52-51. יש לזכור שמבחינה פליאוגרפית, זהות כתובות ההקדשה הארמיות משני בתי־הכנסת הללו, דבר המחזק אולי את הקשר בין השניים.

79 נוסח זה מצוי גם בכתובות ארמיות, למשל בכפר־כנה ובחר' עמודים, ראה: נוה, *על פסיפס ואבן*, עמ' 53-52; L. I. Levine, "Excavations at the Synagogue of Horvat Ammudim", *Israel Exploration Journal*, 32 (1982), pp. 8–9

80 רות־גרסון, *הכתובות היווניות*, עמ' 150.

81 דותן, *חמת־טבריה*, עמ' 54, 62-61; רות־גרסון, *הכתובות היווניות*, עמ' 160-159.

82 וראה את דברי הרברט קסלר בתוך: וייצמן וקסלר, *ציורי־הקיר*, עמ' 183-178.

83 אוריגנס במאה השלישית מתפלמס עם היהדות באמצעות דרשות חז"ל כדי להוכיח את עליונות הכנסייה, ראה: א"א אורבך, "דרשות חז"ל ופירושי אוריגנס לשיר השירים והוויכוח היהודי־נוצרי", *תרביץ*, ל (תשכ"א), עמ' 170-148; הנ"ל, "תשובת אנשי נינוה והוויכוח היהודי נוצרי", *ספר היובל לכבוד י"נ אפשטיין*, (בעריכת ש' אסף ואחרים), ירושלים תש"י, עמ' 122-118. תופעה זו מוכרת גם מכתבי אבות כנסייה אחרים, למשל הירונימוס ואפרם הסורי, ראה: מ' הירשמן, *המקרא ומדרשו — בין חז"ל לאבות הכנסיה*, תל־אביב 1992, עמ' 92-74.

מציפורי לירושלים
From Sepphoris to Jerusalem

חשיפה ראשונה
Initial discovery

ניקוי הפסיפס
Cleaning the mosaic

העתקת הפסיפס לקראת ניתוקו
Tracing the mosaic in preparation for its removal

הדבקת בד על פני הפסיפס
Glueing canvas onto the mosaic

גלגול הפסיפס על תוף עץ לאחר ניתוקו
Rolling the mosaic around a wooden drum after its removal

הפסיפס ארוז ומוכן למשלוח לירושלים
The mosaic ready for shipment to Jerusalem

פריסת הפסיפס כשגבו כלפי מעלה
Unrolling the mosaic with its back upward

ניקוי גב הפסיפס
Cleaning the back of the mosaic

קילוף הבד מפני הפסיפס
Peeling off the canvas

ניקוי פני הפסיפס
Cleaning the front of the mosaic

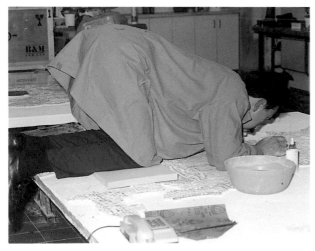

התאמת חלקי הפסיפס
Adjusting the panels

השלמת הקטעים החסרים בציור על־גבי הטיח
Completing the missing sections with drawings on plaster

בקרת איכות
Quality control